dtv

portrait

Herausgegeben von Martin Sulzer-Reichel

Jan-Christoph Hauschild, geboren 1955, studierte nach dem Abitur Germanistik, Geschichte und Erziehungswissenschaften. 1984 promovierte er mit einer Arbeit über Georg Büchner. Von 1980 bis 1986 war er wissenschaftlicher Redakteur der Historisch-kritischen Heine-Ausgabe, danach Lehrbeauftragter am Germanistischen Seminar der Universität Düsseldorf. Seit 1984 ist er wissenschaftlicher Mitarbeiter des Heinrich-Heine-Instituts. Als freier Autor hat er Bücher und Zeitschriftenbeiträge veröffentlicht, Essays und Kritiken für Rundfunkanstalten geschrieben und Ausstellungen konzipiert.

Michael Werner, geboren 1946, studierte Germanistik, Romanistik und Geschichte in Freiburg, München und Bonn, wo er 1972 über Heine promovierte. Seit 1969 lebt er in Paris. Von 1975 bis 1985 leitete er die Heine-Forschungsgruppe im Centre national de la recherche scientifique (C.N.R.S.), 1980 wurde er zum Professor am C.N.R.S. ernannt, von 1986 bis 1994 war er Direktor der interdisziplinären Forschungsgruppe »Transferts culturels franco-allemands«. Seit 1992 lehrt er als Professor an der Ecole des hautes études en sciences sociales in Paris und ist Leiter des dortigen Deutschlandzentrums.

Heinrich Heine

von Jan-Christoph Hauschild
und Michael Werner

Deutscher Taschenbuch Verlag

Weitere in der Reihe **dtv portrait** erschienene Titel
am Ende des Bandes

Originalausgabe
April 2002
© Deutscher Taschenbuch Verlag GmbH & Co. KG, München
www.dtv.de
Umschlagkonzept: Balk & Brumshagen
Umschlagfoto: © AKG, Berlin
Satz und Layout: Agents – Producers – Editors, Overath
Druck und Bindung: APPL, Wemding
Gedruckt auf säurefreiem, chlorfrei gebleichtem Papier
Printed in Germany   ISBN 3-423-31058-8

Inhalt

»Dichter unbekannt«. Statt eines Vorworts 7

»In meiner Wiege lag schon
meine Marschroute für das ganze Leben« (1797–1819) 9

»Geld ist rund und rollt weg, aber Bildung bleibt« (1819–1825) 21

»Wir Menschen sind Passagiere« (1826–1831) 41

»Deutsche Nachtigall in der Perücke Voltaires« (1831–1841) 57

»Sie drucken's ja doch nicht!« 79

»Schlage die Trommel und fürchte dich nicht!« (1841–1847) 99

Der Zusammenbruch (1847–1852) 111

In der Matratzengruft (1852–1856) 127

Die Wunde Heine 139

Zeittafel 146
Bibliographie 154
Bildnachweis 157
Register 158

1   Heinrich Heine. Gemälde von Moritz Oppenheim, 1831

»Dichter unbekannt«. Statt eines Vorworts

Sein Geburtsdatum ist umstritten. Er selbst verlegte es auf die Neujahrsnacht der Jahrhundertwende 1800, wollte er doch »einer der ersten Männer des Jahrhunderts« genannt werden. In Wahrheit war er wohl einige Jahre älter.

Nicht nur mit seinem Geburtsdatum schummelte er ein bißchen. Als er gegen Ende seines Lebens seine ›Memoiren‹ schrieb – veröffentlicht wurden sie erst ein Vierteljahrhundert nach seinem Tod –, gerieten sie zum »Märchen meines Lebens«. Tatsachen waren hier nicht zu erwarten.

Auch früher schon sah er sich zu Lüge und Verstellung gezwungen: Die religiöse Diskriminierung in seinem Vaterland ließ ihm keine andere Wahl, als seine Herkunft zu verschleiern. Erst der Ausbruch einer schweren Krankheit, die ihn für die letzten acht Lebensjahre ans Krankenbett fesselte, machte der »Zeit der Eitelkeit« ein Ende und ließ ihn schließlich ausrufen: »Ich bin jetzt nur noch ein armer todkranker Jude.« Zu

2 Der Loreley-Felsen bei St. Goarshausen am Rhein, um 1840

dieser Zeit war er längst der weltberühmte Mann, der er immer hatte sein wollen: Geliebt, gefeiert, aber auch gehaßt.

80 Jahre nach seinem Tod wollten ihn die Machthaber seines Heimatlandes endgültig aus der Nationalkultur ausmerzen. Insbesondere Schulbücher sollten von ihm »gereinigt« werden. Unter seinen wohl berühmtesten Text, der in der Vertonung Friedrich Silchers zum populärsten Lied der deutschen Romantik wurde, setzte man, um ihn für die völkische Gesangskultur zu retten, den Vermerk: »Dichter unbekannt«.

Geschadet hat es ihm kaum, war er doch selbst zum »Lied seines Landes« geworden, wie die Lyrikerin Rose Ausländer gemeint hat.

Ich weiß, daß ich eine der deutschesten Bestien bin, ich weiß nur zu gut, daß mir das Deutsche das ist, was dem Fische das Wasser ist, und daß ich aus diesem Lebenselement nicht heraus kann, und daß ich zum Stockfisch vertrocknen muß, wenn ich aus dem Wasser des Deutschtümlichen herausspringe. Ich liebe sogar im Grunde das Deutsche mehr als alles auf der Welt, ich habe meine Lust und Freude daran, und meine Brust ist ein Archiv deutschen Gefühls.

Brief an Rudolf Christiani, 7. März 1824

»In meiner Wiege lag schon
meine Marschroute für das ganze Leben«

Als träumerisches Kind der Romantik und entschlossener Parteigänger der Aufklärung gehörte Heinrich Heine zugleich der alten und der neuen Welt an. »Um meine Wiege spielten die letzten Mondlichter des 18ten und das erste Morgenrot des 19ten Jahrhunderts«, schrieb er in einer postum veröffentlichten Notiz, in der er seine Position pointiert zusammenfaßte. Sehr viel genauer läßt sich das Datum seiner Geburt auch heute nicht bestimmen. Die meisten Biographen gehen davon aus, daß er am 13. Dezember 1797 geboren wurde – als Harry Heine. Den Vornamen Heinrich trug er erst seit seinem späteren Übertritt zum Protestantismus.

Heines Wiege stand in einem jüdischen Elternhaus. Seine Eltern gehörten der kleinen jüdischen Gemeinde Düsseldorfs an. Es hing mit der historisch-politischen Situation der Stadt zusammen, daß die Familie anscheinend von offenen antisemitischen Ressentiments oder Ausschreitungen verschont blieb. Mitbedingt durch die langjährige Fremdherrschaft – zwischen 1795 und 1813 war die Stadt fast durchgängig von französischen Truppen besetzt –, gab es weder ein Ghetto noch ein ausgesprochenes Judenviertel. Die Integration der Familie in die Düsseldorfer Gesellschaft ersparte Harry Heine aber keineswegs antisemitische Neckereien und Verunglimpfungen durch Schulkameraden und Gassenjungen. Sardonische Spottverse über den Mitschüler Wünnenberg zeugen davon, daß er sich schon damals in Schiefstellung zur Gesellschaft befand.

Wenn nicht jeder Geburtsstolz bei den Kämpen der Revolution und ihrer demokratischen Prinzipien ein närrischer Widerspruch wäre, so könnte der Schreiber dieser Blätter stolz darauf sein, daß seine Ahnen dem edlen Hause Israel angehörten, daß er ein Abkömmling jener Märtyrer, die der Welt einen Gott und eine Moral gegeben und auf allen Schlachtfeldern des Gedankens gekämpft und gelitten haben.

›Geständnisse‹

3 Düsseldorf, Ansicht vor der Beschießung durch die Franzosen am 6. Oktober 1794. Kolorierte Umrißradierung von Johann Ziegler nach Lorenz Janscha, Wien 1798

Seiner rheinischen Heimat hat Heine stets liebevoll, bisweilen verklärend gedacht. Der rheinische »Volks-Charakter« mit all seiner »Lebensfreude, Anmut, Freiheitsliebe, Beweglichkeit und unbewußten Tiefe« prägte ihn bis in Spracheigentümlichkeiten hinein. Düsseldorf war die Hauptstadt des Herzogtums Berg, Sitz der Regierung und zahlreicher Behörden und Gerichte; viele Arbeitsplätze hingen zumindest mittelbar von diesem besonderen Status ab. Mit seinen vorstädtischen Dörfern, in denen in großem Umfang Gartenbau getrieben wurde, zählte das Amt Düsseldorf 1794 ca. 18 000 Einwohner, deren Zahl nur sehr langsam wuchs.

1805 wurde das Herzogtum Berg unter Einbeziehung angrenzender Territorien zum Großherzogtum erhoben, dessen letzter französischer Souverän seit 1809 Napoleons Neffe Na-

Düsseldorf zur Heine-Zeit
Zum Zeitpunkt von Heines Geburt war Düsseldorf Hauptstadt des Herzogtums Berg und Sitz der Regierung; der herzogliche Hof residierte schon seit längerem in München. Es gab eine prachtvolle Gemälde-Sammlung, die Kunstakademie, einen botanischen Garten, eine Biblio-thek, ein physikalisches Kabinett, Konzerte, Bälle, öffentliche Gesellschaften, während des Winters auch Theatervorstellungen. Je zwei Essig-brauereien, Tabakmanufakturen und Baumwollspinnereien mit Handmaschinen bildeten zusammen mit einer Seifensiederei, einer Schreibfedern-schleißerei, einer Senfmanufaktur,

poléon Louis war. Die Zugehörigkeit zum französischen Kaiserreich machte es ab 1808 zum Nutznießer zahlreicher juristischer und organisatorischer Reformen wie der Aufhebung des Lehnswesens und der Leibeigenschaft sowie anderer Privilegien von Adel und Kirche, der Modernisierung von Verwaltung, Justiz und Unterrichtswesen nach französischem Muster und der Einführung des Code Civil am 12. November 1809. Aber nicht nur an den Errungenschaften der Großen Revolution partizipierte das Land, es hatte auch unter Frankreichs Schicksalen zu leiden. Hohe Kontributionen, Steuern und Abgaben lasteten schwer auf der Bevölkerung, die durch die Zwangsverpflichtungen zur Armee noch einen zusätzlichen Blutzoll für Napoleons Feldzüge in Spanien und Rußland leistete. Im November 1813, wenige Wochen nach Napoleons Niederlage in der Völkerschlacht bei Leipzig, besetzten russische Truppen die Stadt.

Auf dem Wiener Kongreß von 1815 wurden die Rheinlande Preußen zugesprochen und Düsseldorf zur Hauptstadt eines Regierungsbezirks zurückgestuft, wodurch das Handelsaufkommen rapide sank und die Zahl der Gewerbetreibenden dramatisch zurückging. Für die Dauer einiger Jahrzehnte fiel die Stadt in eine Art Dornröschenschlaf. Wenn auch der Code Civil im Rheinland seine Gültigkeit behielt, so wurde schon 1814 die Gleichstellung der Juden, die seit 1807/08 de jure keinerlei Einschränkungen ihrer Bürgerrechte mehr hinnehmen mußten, rückgängig gemacht.

Heines sozialer Werdegang, seine Auseinandersetzung mit der Gesellschaft, blieb dauerhaft von schmerzlichen Erfahrungen geprägt, die mit seiner jüdischen Herkunft und seiner Familiensituation zusammenhängen. Immer wieder stieß sein Wille zur gesellschaftlichen und kulturellen Integration in die bürgerlichen Oberschichten auf Widerstände. Intellektuelle

einer Färberei und der Wollmanufaktur der Armenversorgungsanstalt die bescheidene städtische Industrie. Mit seinen vorstädtischen Dörfern, in denen in großem Umfang Gartenbau getrieben wurde, zählte das Amt Düsseldorf 1794 ca. 18 000 Einwohner; ihre Zahl wuchs nur langsam. Als ehemaligen Residenzlern wurde den Düsseldorfern ein »Hang zum Luxus in Kleidung« und »Vergnügungssucht« nachgesagt, aber auch – wohl mit bedingt durch die langjährige französische Oberherrschaft – eine »wahrhaft christliche Toleranz der verschiedenen Konfessionen« bescheinigt.

4 Heines Mutter Betty, geb. van Geldern. Portrait von Isidor Popper, nach 1840

Brandstifter sprachen nicht assimilationsbereiten Juden alle Bürgerrechte ab, ja sie verweigerten der sogenannten »Judenkaste« als solcher sogar das Existenzrecht in der christgermanischen Gesellschaft. Hier liegen die Ursprünge der politischen Komponente von Heines schriftstellerischer Arbeit, hier gründen die Selbstbilder des »Tribunen« und des »braven Soldaten im Befreyungskampf der Menschheit«, an denen er lebenslang festhielt. 1833 erklärte er gegenüber seinem Altmentor Varnhagen von Ense: »Daß ich aber einst die Waffen ergriff, dazu war ich gezwungen durch fremden Hohn, durch frechen Geburtsdünkel – in meiner Wiege lag schon meine Marschroute für das ganze Leben.«

Heines Mutter Betty (jüdisch: Peira) war 1771 geboren und stammte aus der angesehenen sephardischen Bankiers- und Gelehrtenfamilie van Geldern, die Ende des 17. Jahrhunderts von Holland ins Herzogtum Jülich-Berg eingewandert war und von deren einstiger Geltung bei Hofe noch ihr ehemaliges Stadtpalais in der Neustadt zeugt. Heines Vater Samson kam aus einer weniger hochgestellten, strenggläubigen norddeutschen Kaufmannsfamilie und war 1764 in Hannover geboren. Über Altona, Hamburg und Celle, wo er als Lieferant für die englische Armee tätig war, kam er 1796 nach Düsseldorf. Seit seiner Heirat war er anerkannter »Schutzjude« in Düsseldorf. Durch die Mitgliedschaft in großbürgerlichen Vereinen und

Berg und seine Regenten
Rechtlich gesehen war Heine gebürtiger Pfalz-Bayer. Der regierende Kurfürst Karl Theodor stammte aus dem Hause Pfalz-Sulzbach, das durch Erbfolge in den Besitz der rheinischen Herzogtümer Jülich und Berg gelangt war; 1777 beerbte er auch noch die Wittelsbacher und kam auf diese Weise zusätzlich in den Besitz des Kurfürstentums Bayern. Sein Erbe Maximilian Joseph aus der Linie Pfalz-Zweibrücken-Birkenfeld wurde 1805 von Napoleons Gnaden Regent des neugeschaffenen Königreichs Bayern und mußte im Gegenzug das Herzogtum Berg an Frankreich abtreten.

die Übernahme von Ehrenämtern betrieb er zielstrebig seine Integration in die christliche Düsseldorfer Gesellschaft.

Vermutlich war es die Mitgift seiner Gattin oder eine Kapitaleinlage seines Schwagers, die es ihm bald nach der Hochzeit erlaubte, sich als Textilhändler selbständig zu machen. Am 6. Juni 1797 zeigte er in der Düsseldorfer Lokalzeitung die Eröffnung eines Geschäfts mit diversen »neumodischen Waren«, hauptsächlich aus englischen Manufakturen, auf der Bolkerstraße an. Der Gebäudekomplex mit der heutigen Hausnummer 53, ehemals bestehend aus Haupt-, zwei Seiten- und einem Hintergebäude, hat als Geburtshaus aller vier Kinder der Familie Heine zu gelten. Am 6. Juni 1809 erwarben die Eheleute Heine dann das gegenüberliegende dreistöckige repräsentative Bürgerhaus samt zwei Nebengebäuden und großem Garten (heute Nr. 42, neu bebaut).

Trotz des äußeren Glanzes scheinen sich die Lebensverhältnisse der Familie Heine zu diesem Zeitpunkt verschlechtert zu haben. Das von Napoleon im November 1806 verhängte Handelsverbot mit England, die sogenannte Kontinentalsperre, führte zu merkantilen Einbußen. Noch schwerer trafen Samson Heine dann die Napoleonische Finanzkrise von 1810, die eine kontinentale Geldknappheit zur Folge hatte, und der bis 1817 während allgemeine Preisverfall für Baumwollwaren, der zunächst seine Schuldner und bald auch ihn selbst in den Ruin trieb. Er bewies zwar Flexibilität, indem er seine Geschäftsinteressen auch auf andere Gebiete ausdehnte – unter anderem versuchte er sich 1813 als Lotterie-Kollekteur. Doch der Niedergang seines Geschäfts, das hauptsächlich auf dem Verkauf von englischem Baumwollsamt beruhte, schritt weiter fort. »In seinem Gemüte war beständig Kirmes«, charakterisierte ihn sein ältester Sohn, der den Vater, eben aufgrund seiner Fehler, mehr geliebt hat als die rigorose Mutter.

Die Stadt Düsseldorf ist sehr schön, und wenn man in der Ferne an sie denkt und zufällig dort geboren ist, wird einem wunderlich zu Mute. Ich bin dort geboren, und es ist mir, als müßte ich gleich nach Hause gehn. Und wenn ich sage nach Hause gehn, so meine ich die Bolkerstraße und das Haus, worin ich geboren bin. Dieses Haus wird einst sehr merkwürdig sein, und der alten Frau, die es besitzt, habe ich sagen lassen, daß sie bei Leibe das Haus nicht verkaufen solle.

›Ideen. Das Buch Le Grand‹

Nach Harry kamen noch drei weitere Kinder zur Welt, deren Geburtsdaten ebenfalls strittig, weil dokumentarisch nicht zu belegen sind: ca. 1802 Charlotte (Sara), mit der Heine eine zärtliche, innige Geschwisterliebe verband, ca. 1803 Gustav (Gottschalk) und ca. 1804 Maximilian (Meyer). Ihre Erziehung, die von einer gewissen Distanz zu allem Jüdischen und insbesondere zur jüdischen Religion geprägt war, nahm die Mutter in die Hand. Während Samson Heine Güte, Liebenswürdigkeit, Heiterkeit und Lebenslust bis zum Leichtsinn verkörperte, stand sie für Willenskraft, Ernst, Moral, Disziplin und intellektuelle Kontrolle. In behutsamer, aber fundierter kultureller Assimilation sah sie die Voraussetzung zu sozialem Aufstieg. Alle drei Söhne schickte sie auf christliche Bildungsanstalten.

Harry Heines intellektueller Werdegang war durch die »Erziehungspläne« der Mutter bestimmt, die »hochfliegende Dinge« mit ihrem Ältesten im Sinn hatte, und entsprach dem eines Kindes aus der Oberschicht: Er besuchte zunächst eine der üblichen Kleinkinderschulen, dann die Volksschule und von 1809 bis 1814 das humanistische Lyzeum, die beide im ehemaligen Franziskanerkloster untergebracht waren. Darüber hinaus nutzte er zusätzliche Bildungsangebote, etwa den Zeichenunterricht in der Kunstakademie, privaten Mathematik- und Physik-, Sprach- und Musikunterricht sowie die Unterweisung in einer jüdischen Privatschule. Ein Jahr vor der Reifeprüfung wechselte er auf eine höhere Handelsschule.

Im Herbst 1815 begleitete Harry Heine seinen Vater zur Frankfurter Messe. Auf zwei kurze kaufmännische Volontariate in Frankfurt in einem Bankhaus und bei einem Kolonialwarenhändler folgte ab Juni 1816 eine zweijährige Lehrzeit in einem Hamburger Bankhaus, an dem sein Onkel, der Millionär Salomon Heine, ein jüngerer Bruder seines Vaters, beteiligt war. Salomon hatte sich durch zähen Fleiß, merkantilischen

Heines Geschwister

Charlotte Heine, die als junges Mädchen bei dem Musikdirektor August Friedrich Burgmüller Gesangsunterricht erhielt, heiratete 1823 den Hamburger Indigo-Makler Moritz Embden (1790–1866), einen weitläufigen Verwandten. Sie blieb Hausfrau und starb 1899. Ihr Bruder

Gustav verpflichtete sich nach erfolglosen Intermezzi als Ökonom und anschließend im Kaufmannsfach beim österreichischen Militär, wo er es bis zum Oberleutnant der Kavallerie brachte. Nach der Heirat mit Emilie Kaan d'Albest (1822–1859) quittierte er den Dienst, gründete in Wien das ›Fremdenblatt‹

5 Ansicht von Hamburg: Binnen- und Außenalster. Farblithographie vermutlich von H. C. Amelang

Spürsinn und eine geschickte Heirat in den Besitz eines außerordentlichen Vermögens gebracht: ein »Mann der Tat« also und energischer Geschäftsmann, zugleich ein gläubiger Jude mit viel Familiensinn, ein Philanthrop und Wohltäter nicht nur der eigenen Verwandtschaft. Seine Villa am Elbufer im damals dänischen Ottensen war ein Ort vornehmer hanseatischer Lebenskultur. Diplomaten, Hamburger Politiker, Schriftsteller, Schauspieler und Tonkünstler verkehrten dort. Bei seinem Tod im Jahre 1844 galt Salomon als reichster Mann Hamburgs, sein nachgelassenes Vermögen wurde mit 30 Millionen Francs beziffert. Die sozialen, psychologischen und kulturellen Spannungen, die seinen Aufstieg vom Geldboten zum

und wurde in den Freiherrnstand erhoben. Als mehrfacher Millionär starb er am 15. November 1886 in Wien. Der jüngste Bruder, Maximilian, trat nach absolviertem Medizinstudium in den russischen Staatsdienst, nahm 1828 als Militärarzt am Kaukasuskrieg teil und wurde später in St. Petersburg Arzt an einem Kadetteninstitut. Nach der Verheiratung mit der Witwe des kaiserlichen Leibarztes wurde Maximilian Heine, der auch mehrere fachwissenschaftliche und belletristische Werke verfaßte, zum Staatsrat ernannt. Er starb am 6. November 1879 in Berlin.

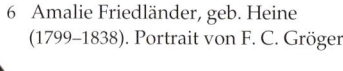

6 Amalie Friedländer, geb. Heine
(1799–1838). Portrait von F. C. Gröger

Multimillionär begleiteten, blieben dem Neffen allerdings nicht verborgen, zumal er selbst als relativ mitteloser Verwandter darin verstrickt war, und sein Verhältnis zu Hamburg, der »seelenlosen Schacherstadt«, und zur dortigen Familie blieb darum zeitlebens überaus konfliktreich. Die Villa seines Onkels war für ihn im Rückblick vor allem ein Ort feindseliger Verschwörung, schwerster Demütigung und Diffamierung: »Affrontenburg« nannte er in einem späten Gedicht den Schauplatz seiner Leiden.

Salomon Heine hatte neben zwei Söhnen vier Töchter: Friederike, Fanny, Amalie und Therese. Für sie scheint sich Heines Herz der Reihe nach entflammt zu haben, am heftigsten aber für die zur Korpulenz neigende Amalie (Molly nennt er sie in den Briefen an den Düsseldorfer Schulfreund Christian Sethe). Daß es eine unmögliche Liebe war, erfuhr er schon nach wenigen Monaten aus dem Mund der Angebeteten. Die Ablehnung traf ihn doppelt, da sie zugleich eine soziale war: Ein »Windbeutel« hatte sich in ein engelgleiches Wesen verliebt, der Sohn eines rheinischen Luftikus in eine hanseatische Millionärstochter. Die Muse war Harrys einziger Trost, »eine getreue tröstende Freundin«, und im Februar 1817 druckte »Hamburgs Wächter« die ersten Poesien des Kaufmannslehrlings aus Düsseldorf, der sich vorerst noch hinter dem genialen Anagramm »Sy. Freudhold Riesenharf« (gebildet aus:

Hamburg zur Heine-Zeit
Um 1820 zählte die Freie und Hansestadt Hamburg etwa 130 000 Einwohner; bis 1830 kamen noch einmal 40 000 dazu. Der Beitritt zum Deutschen Bund beendete 1815 zwar die Politik strikter Neutralität, doch behielt der Stadtstaat, der auf eine lange republikanische Tradition zurückblicken konnte, seine völkerrechtliche Selbständigkeit und beschritt in mancher Hinsicht eigene Wege. Die Politik der Restauration fand hier nur wenig Befürworter: Wie in den anderen Freien Städten auch versuchte der Senat mit gewissem Erfolg, seine Souveränität zu wahren und der

7 Der Jungfernstieg in Hamburg um 1850 (vom Gänsemarkt aus gesehen), wo
Salomon Heines Stadthaus lag.

Harry Heine Dusseldorff) verbarg. Es waren »zwei Lieder der
Minne«.

Heines erste Dichtungen waren schon in Düsseldorf entstanden: Scherzverse, teilweise als Variationen von Kirmes- und
Karnevalsliedern, vaterländische Lyrik, Gelegenheitsgedichte,
schließlich eine Reihe von »Traumbildern«: Nachtstücke, in
denen sich der Einfluß der »schwarzen Romantik« zu erken-
nen gibt. Die »Minnelieder« besaßen einen anderen, wehmüti-
gen Ton, sie waren »sanfter und süßer«, »wie in Honig ge-
tauchter Schmerz«. In ihrer wunderlich-altertümelnden Art,
die mit ihren archaischen Wort- und Verkleinerungsformen
bis in den Wortschatz hinein eine Vorliebe für das Mittelalter-
liche offenbart, besangen sie eine »wonnevolle, schöne«, ja
»liebliche«, zugleich aber todbringende »Wundermaid«: Blon-

Hegemonie Österreichs und Preußens entgegenzuwirken.

Handel, Seefahrt, Schiffbau und
Hafen waren die vier Säulen, auf
denen Hamburgs Größe und Bedeutung ruhte und die die Stadt zur
größten Handelsmetropole nicht
nur Deutschlands, sondern bald
auch des Kontinents machten. Hier

hatte neben dem Warenhandel das
Wechselgeschäft ein bedeutendes
Zentrum; hier befand sich der größ-
te Silbermarkt Europas.

8 Salomon Heine (1767–1844). Portrait von
F. C. Gröger

des Gift ist sie im herzbewegen-
den, grausig-schönen »Traum«;
als unerreichbar hohe Herzens-
königin, die gütig den »heili-
gen Minnelohn«, eine Locke
von ihrem Haupte, gewährt,
erscheint sie in »Die Weihe«.
Erfolg bei der Geliebten hatte
Heine damit nicht. Als Amalie 1821
einen ostpreußischen Gutsbesitzer heiratete, verschwand sie aus seinem Gesichts-
feld. Doch als »weiblicher Schatten« lebte sie auch nach ihrem
frühen Tod im Jahr 1838 unter verschiedenen Namen in seinen
Dichtungen weiter.

Samson Heines Geschäfte in Düsseldorf gingen unterdessen
immer schlechter. Unaufhaltsam steuerte er dem Ruin entgegen. Es war ein verzweifelter Rettungsversuch, als er seinem
Sohn im Juni 1818 in zentraler Lage Hamburgs und als Filiale
der eigenen Firma eine Kommissionshandlung für englische
Manufakturwaren einrichtete: »Harry Heine et Comp.« In
Düsseldorf nicht abgesetzte Waren wurden hier verkauft. Für
das nötige Gründungskapital dürfte der Onkel Salomon ge-
sorgt haben. Kurz zuvor hatte Heine die provisorische Aufnahme in die Jüdische Gemeinde Hamburgs erlangt, was einem Quasi-Bürgerrecht gleichkam. Aktiv sollte er nun an der
Erhaltung des von der Wirtschaftskrise bedrohten Familienbe-
triebs mitwirken. Bereits wenige Wochen später war Samson
Heine jedoch endgültig zahlungsunfähig. Mit ungedeckten
Wechseln auf die Hamburger Filiale suchte er sich zunächst von

Von den Kindern meiner Großmutter haben (…) nur zwei ihre außeror-
dentliche Schönheit geerbt, nämlich mein Vater und mein Oheim Salomon Heine (…). Die Schönheit meines Vaters hatte etwas Überweiches,
Charakterloses, fast Weibliches. Sein Bruder besaß vielmehr eine männli-
che Schönheit, und er war überhaupt ein Mann, dessen Charakterstärke
sich auch in seinen edelgemessenen, regelmäßigen Zügen imposant, ja
manchmal sogar verblüffend offenbarte.

›Memoiren‹

9 Betty Heine, Salomon Heines Frau
(1777–1837). Portrait von F. C. Gröger

den dringendsten Forderungen
zu befreien. Weil er zudem immer heftigere Symptome einer
epileptischen Neurose aufwies,
die seine Geschäftsfähigkeit zunehmend einschränkte, sorgten
seine jüngeren Brüder Salomon
und Henry, bei denen er seit 1816
mit 5000 Talern in der Kreide stand,
für Samsons Entmündigung. Die Ver-
bindlichkeiten gegenüber Salomon, der, um
einen Finanzskandal zu vermeiden, den Bankrott bis dahin
abzuwenden gesucht hatte, beliefen sich am Ende auf 85000
Taler.

Noch bevor ein Beschluß des Düsseldorfer Handelsgerichts
die Firma Heine in Düsseldorf für bankrott erklärte, wurde
auch die Filiale in Hamburg liquidiert. 1819 verließ Harry Heine Hamburg und kehrte zunächst ins Elternhaus zurück. Mit
dem Verkauf des Wohn- und Geschäftshauses auf der Bolkerstraße endete im Sommer 1820 die Düsseldorfer Zeit der Familie Heine. Nach Zwischenstationen in Hamburg und Oldesloe
nahm sie im Juli 1822 ihren Wohnsitz in Lüneburg.

Von nun an nahm Salomon Heine die Geschicke seiner armen Verwandten in die Hand: Die Eltern wurden mit einer
Jahresrente versorgt, die Kinder mit Ausbildungsstipendien
ausgestattet. Harry erhielt mit der Summe von 400 Talern jähr-
lich die nötigen Mittel für ein akademisches Studium. Da in
seiner patriarchalischen Fürsorge die Verpflichtung des reichen gegenüber dem mittellosen Verwandten und die emotio-

Und nun leben Sie wohl! Es ist gut, daß ich Ihnen nicht sagen kann, wo
eine Anwort von Ihnen mich treffen würde; Sie sind um so eher überzeugt, daß dieser Brief Sie in keiner Hinsicht belästigen soll. Er ist bloß
ein Seufzer. Es ist mir leid, daß ich diesen Seufzer nicht frankieren kann,
er wird Ihnen Geld kosten – wieder neuer Stoff zum Klagen. Adieu, theu-
rer, guter, großmüthiger, knickeriger, edler, unendlich geliebter Onkel!

An Salomon Heine, 15. September 1828

nale Verantwortung des Ersatzvaters gegenüber dem Neffen nie eine rechte Verbindung eingehen konnten, blieb diese Unterstützung für Heine allerdings immer zweideutig, weshalb er sich prinzipiell davon freizumachen suchte. Der Wille, es der Hamburger Sippschaft zu zeigen, dem kommerziell-materiellen Erfolg einen geistig-literarischen entgegenzusetzen, ist zweifellos einer der wichtigsten Antriebe seiner schriftstellerischen Tätigkeit gewesen.

»Geld ist rund und rollt weg,
aber Bildung bleibt«

Im Wintersemester 1819/1820 immatrikulierte sich Heine an der eben erst gegründeten Universität Bonn. Die Wahl der in sozialer Hinsicht vergleichsweise exklusiven Jurisprudenz (anfangs zusätzlich auch der Verwaltungslehre), die häufig von Adligen belegt wurde, versprach – in Verbindung mit der dann fast unausweichlichen Taufe – Aussicht auf einen Posten im Staats- und Verwaltungsdienst oder zumindest auf eine Advokatur, d. h. auf Teilhabe an der neuen, ihres wachsenden gesellschaftlichen und politischen Gewichts sicheren Schicht der Dienstleistungsberufe, weshalb diese Fachrichtung – neben der Medizin – mit Vorliebe von der wirtschaftlichen Führungsschicht der Juden für nicht unmittelbar kommerziell tätige Söhne gewählt wurde. Für Heine war es keine freie Wahl, sondern eine von den sozialen Bedingungen und dem Aufstiegswillen der Familie determinierte Entscheidung.

Heines Startvoraussetzungen für eine akademische Bilderbuchkarriere waren nicht schlecht. Die Bonner Hochschule repräsentierte die neue preußische Kulturpolitik nach den Befreiungskriegen; viele Studenten und sogar einige Professoren waren geprägt vom national-liberalen Gedankengut. Zu den berühmten Lehrern zählten der Historiker Ernst Moritz Arndt, der Jurist Karl Theodor Welcker und der Philologe August Wilhelm Schlegel, mit dem Heine näher bekannt wurde, als er ihm seine eigenen Poesien zur Begutachtung vorlegte. Sein juristisches Studienziel verfolgte er nur beiläufig; vorrangig

> In den Werken der Dichter muß man ihre Geschichte suchen, und hier findet man ihre geheimsten Bekenntnisse.
> *Einleitung zu ›Don Quixote‹*

belegte er Vorlesungen über altdeutsche Literatur und Geschichte. In den Sommerferien 1820 zog er sich aufs Land zurück und begann mit der Niederschrift einer romantischen Tragödie mit spanisch-orientalischem Kolorit.

›Almansor‹, so der Titel, spielt im einstmals maurisch beherrschten Granada nach der Rückeroberung durch die Spanier im Jahr 1492, im Zentrum steht die Religionsverfolgung durch die siegreichen spanischen Christen. Das Stück gründet auf historisch korrekten Fakten; das nötige Fachwissen erschloß sich Heine mit Hilfe der Bonner Universitätsbibliothek, wo er mehrere wissenschaftliche Werke zur spanischmaurischen Geschichte und zur Inquisition entlieh. Durch diese Quellentreue erhielt ›Almansor‹ Züge eines Geschichtsdramas. Daß es Heine nicht ausschließlich um historische Rekonstruktion ging, belegt das Wort von der »Tendenz«, die er dem Stück zusprach. Sie ging aus dem Stoff selbst hervor, den Heine als »religiös-polemisch« und »die Zeitinteressen« betreffend charakterisierte, und richtete sich gegen den Herrschaftsanspruch der christlichen Religion. Heine nahm Partei für die unterlegenen glaubenstreuen Moslems, deren zivilisatorische Leistungen er gegenüber der kulturzerstörerischen Wirkung der Rechristianisierung besonders hervorhob. Heine wollte zeigen, wie religiöse Intoleranz bis in die Familiensphäre hinein greifen und dort zur Katastrophe führen kann. Obwohl sich der Analogieschluß zur aktuellen Lage der diskriminierten Juden geradezu aufdrängte, stärker und einseitiger auslegbar wohl, als Heine selbst bewußt war, wollte er sein Stück keineswegs als Allegorie verstanden wissen.

›Almansor‹ ist Heines einziges Bühnenwerk, das es zu Lebzeiten seines Verfassers zu einer Aufführung brachte. August Klingemann, der Verfasser der ›Nachtwachen‹, nahm sich als Theaterdirektor in Braunschweig des Stücks an und brachte

Ich liebe Deutschland und die Deutschen; aber ich liebe nicht minder die Bewohner des übrigen Teils der Erde, deren Zahl vierzigmal größer ist als die der Deutschen. Die Liebe gibt dem Menschen seinen Wert. Gottlob! Ich bin also vierzigmal mehr wert als Jene, die sich nicht aus dem Sumpfe der Nationalselbstsucht hervorwinden können, und die nur Deutschland und Deutsch lieben.

›Briefe aus Berlin‹

es am 20. August 1823 auf die Bühne des Hoftheaters. Publikumsproteste in der Schlußszene, deren Ursache bis heute nicht eindeutig geklärt ist (am wahrscheinlichsten sind religiöse Empfindlichkeiten), führten jedoch zu einem vorzeitigen Abbruch.

Von der Auseinandersetzung mit dem Religionsproblem in ›Almansor‹ abgesehen, stand der Bonner Studienbeginn eher im Zeichen sozialer und kultureller Assimilation. Heines jüdische Herkunft war an der Hochschule bekannt (»S[ohn] eines jüd. Kaufmanns«, »jüdischer Rel[igion]« waren die entsprechenden Vermerke im Immatrikulations-Buch), sie führte aber offenbar nicht zu diskriminierender Behandlung. Wohl durch Vermittlung seiner Düsseldorfer Schulkameraden wurde er schon bald in eine burschenschaftliche Verbindung auf-

10   Ansicht von Bonn. Kolorierter
Stahlstich von Dröhmer, um 1825

genommen, deren burschikoser Geselligkeit sich kaum ein Student entziehen konnte: Wer keiner studentischen Gemeinschaft angehörte, stand beinahe ehrlos da und erschien nicht einmal satisfaktionsfähig – ein für die studentischen Händel wichtiges Kriterium. Die zunächst landsmannschaftlich, später auch überregional organisierte Studentenschaft war damals die einzige Gruppierung, die entschieden an der während der Befreiungskriege auch staatlich unterstützten Forderung nach einem freien und geeinten Deutschland festhielt. Als am 18. Oktober die Bonner Studenten mit einem Fackelzug zum Kreuzberg der sechs Jahre zurückliegenden Völkerschlacht bei Leipzig gedachten (zugleich war es der zweite Jahrestag des Wartburgfestes), war Heine unter den Teilnehmern, die sich in einer Art »öffentlichen Gelöbnisses« »zum gerechten Dienste für's deutsche Vaterland« verpflichteten. Im Kreis der Mitstudenten fiel Heine aber nicht durch radikale Phrasen auf, er vertrat eher gemäßigte Ansichten.

Im Oktober 1820 wechselte Heine an die Universität Göttingen. Die ehemalige Residenz der Fürsten von Braunschweig-Lüneburg zählte um die 10 000 Einwohner, davon 1500 Studenten. Rektor der »Georgia Augusta« war der Landesherr, Georg IV., König von Großbritannien und Hannover. Heine bezeichnete die Stadt verächtlich als »gelehrten Kuhstall«, weil sie ihm über den Kreis der Universität hinaus keinerlei Anregung bot. In der ›Harzreise‹, seiner berühmten Abrechnung mit der konservativen Göttinger Wissenschaft, lästerte er über die »alten Professoren«, die im Kommen und Gehen der Studentengenerationen wie die »Pyramiden Ägyptens« ganz »unerschütterlich fest« stünden, »nur daß in diesen Universitätspyramiden keine Weisheit verborgen« sei – ein Urteil von großer Einseitigkeit und Ungerechtigkeit: Noch Ende des

Das Wartburgfest
Zur 300. Wiederkehr von Luthers Thesenanschlag und zur Erinnerung an die vier Jahre zurückliegende Völkerschlacht bei Leipzig versammelten sich im Herbst 1817 auf Einladung der Jenaer Burschenschaft fast 500 Studenten von 13 Universitäten auf der Wartburg bei Eisenach. Die Gedächtnisfeier geriet zur Demonstration für innere Freiheit und gegen den territorialen Partikularismus. Auf symbolische Weise wurden nach Luthers Beispiel »Schandschriften des Vaterlandes«, größtenteils reaktionäre Literatur, aber auch burschenschaftskritische

18. Jahrhunderts galt Göttingen als eine der modernsten und seriösesten Universitäten Europas, die ihren Absolventen überdurchschnittliche Berufsaussichten eröffnete. Gerade darum hatte die Hamburger Familie Heine ja auch dort hingeschickt. Und umgekehrt ist es wiederum charakteristisch, daß der angehende Schriftsteller, damals noch mehr von romantisch-modernem als von politisch-aufklärerischem Geist beseelt, sich in Göttingen nicht wohlfühlte.

Das Herbstsemester in Göttingen nahm im Februar 1821 ein vorzeitiges Ende, als Heine nach einer Duellforderung wegen einer ehrverletzenden Äußerung einen einsemestrigen Universitätsverweis erhielt. Ebenso abrupt endete seine Mitgliedschaft in der Göttinger Burschenschaft, die ihn wegen »Vergehens gegen die Keuschheit« aus ihren christgermanischen Reihen ausschloß. Es war offenbar kein antisemitischer Akt – es ist nicht zu belegen, daß die Göttinger Kommilitonen von Heines nichtchristlicher Konfession wußten –, sondern ein »Sittlichkeitsverschiss«: Der Vorwurf lautete auf »Vergehen gegen die Keuschheit, begangen in der ›Knallhütte‹ [eine von zahlreichen sarkastischen studentensprachlichen Chiffren für ein Bordell] bei Bovenden« nördlich von Göttingen. Kurze Aufenthalte in Hamburg (bei Verwandten) und Oldesloe (bei den Eltern) folgten. Nachdem ihm sein Onkel eine weitere Unterstützung zur Fortsetzung des Studiums zugesichert hatte, bereitete Heine den abermaligen Universitätswechsel vor. Im April 1821 immatrikulierte sich Heine an der Königlichen Universität in Berlin. Erneut stand jedoch nicht das Fachstudium im Vordergrund, sondern das gesellschaftliche und kulturelle Leben und Erleben. Seit den Befreiungskriegen hatte die Bevölkerung sprunghaft zugenommen, in den zwanziger Jahren zählte man um 200 000 Einwohner. Mit den langen, breiten Straßen und den uniformen Häuserreihen der Doro-

Abhandlungen und der Code Civil sowie Attribute des Militarismus verbrannt.

Auch romantische und rückschrittliche, ja sogar chauvinistische und antidemokratische Züge mischten sich also in diese frühe politische Großkundgebung. In den Augen der Staatsbehörden dominierte je-

doch der vehemente Protest gegen die Politik der Restauration. Mit geheimen Verordnungen reagierten die Regierungen des Deutschen Bundes zwei Jahre später im Schulterschluß auf die erstarkende nationale und konstitutionelle Bewegung.

theen- und Friedrichstadt, mit ihrem klassizistischen Stadt-
bild, den riesigen Plätzen und prächtigen Palais, war Berlin
die erste Großstadt in Heines Leben; selbst Hamburg mußte
da weit zurückstehen. Durch strenge polizeiliche Aufsicht
von jeder Teilnahme an politischen Bekundungen gehindert,
hielten sich die Berliner an den mannigfachen Zerstreuungen
der Haupt- und Residenzstadt schadlos. In den Theater- und
Konzertsälen fand das gesellschaftliche Leben einen Ersatz-
Mittelpunkt.

Was die Stadt auch immer an neuen Eindrücken und Reizen zu bieten hatte, Heine gab sich allem bereitwillig hin. Er
besuchte Theater, Oper und Ballett, Konzerte und Maskenbäl-
le, Bibliotheken und wissenschaftliche Institute, die Gemäl-
desammlung des Schlosses und das Museum. Er genoß das
glänzende gesellschaftliche Leben, das bunte Treiben auf
Straßen und Plätzen, verbrachte Tage und Nächte in Konditoreien und Cafés. Aber er schaute auch hinter die glänzen-
den Fassaden, wo sich der ganz gewöhnliche Arbeitsalltag in
der Frühphase der industriellen Revolution verbarg: Arbeits-
tage von gewöhnlich 16 Stunden, Niedriglöhne, Verelendung
breiter Schichten, Massenarbeitslosigkeit. Industrie und Ge-
werbe suchten Anschluß an das in England und Frankreich
erreichte Niveau der Arbeitsproduktivität, Maschinen ersetz-
ten zunehmend die Handarbeit. Bereits ein Drittel der arbei-
tenden Bevölkerung Berlins war im industriellen Sektor, in
Manufakturen und »Fabriken« beschäftigt.

In einem schmerzlichen Prozeß wurde der Übergang von
der Agrar- zur frühen Industriegesellschaft vollzogen, der mit
der Auflösung der traditionellen Gesellschaftsbeziehungen,
mit Entwurzelung, Isolierung und Entfremdung des Einzelnen einherging. In Berlin, wo »der Schein der Dinge am meisten gilt«, wurde die Kluft zwischen Reich und Arm freilich

Wie gefällt Ihnen Berlin? Finden
Sie nicht, obschon die Stadt neu,
schön und regelmäßig gebaut ist,
so macht sie doch einen etwas
nüchternen Eindruck.
›Briefe aus Berlin‹

geflissentlich geleugnet oder auch kaschiert, und Heine merkte ironisch an, selbst »der poverste Berliner« habe es »im anständigen Hungerleiden sehr weit gebracht« und sei »meisterhaft darauf eingeübt (…), den schreienden Magen in die Formen vornehmer Konvenienz einzuzwängen«. Dem plebejischen Milieu, den Ärmsten der Armen, entfremdeten ihn allerdings Herkunft und Bildung und auch ein gewisser Dünkel, mit dem er gelegentlich kokettierte.

Die 1810 errichtete Universität, an der bedeutende Wissenschaftler lehrten, machte die preußische Hauptstadt auch zu einer Metropole des geistigen Lebens. Doch sein Studium betrieb Heine eher nachlässig. Die Bekanntschaft mit der Philosophie Georg Friedrich Wilhelm Hegels war gewiß die entscheidende Entdeckung in seiner Berliner Zeit, eine Entdeckung, deren Bedeutung für ihn mit den Jahren immer mehr zunahm. Nachzuweisen ist freilich nur der Besuch der Geschichtsphilosophie-Vorlesung im Winter 1822/23. Wichti-

11 Berlin: Unter den Linden. Kolorierter Kupferstich von Georg Michael Kurz nach J. G. F. Poppel

ger noch war für Heine zweifellos die indirekte Vermittlung Hegelschen Denkens, wie er sie über gesellschaftliche Kontakte erfuhr, vor allem durch den Umgang mit den ersten »Hegelianern« in Berlin, Eduard Gans und Moses Moser, akkulturierten jüdischen Intellektuellen. Von ihnen wurde er auf die praktischen politischen und sozialen Implikationen der Hegelschen Geschichts- und Rechtsphilosophie aufmerksam gemacht, auf die emanzipatorische Seite dessen, was er später als »Vernunftsreligion« bezeichnete.

Hatte sich Heine früher literarisch immer nur an rein deutschen Kreisen orientiert und seine Akkulturation eher als individuelles denn als allgemeines, kollektives Problem empfunden, so trat ihm in Berlin erstmals so etwas wie eine deutsch-jüdische Kultur entgegen. Er, der seine »Abstammung von jüdischen Eltern« zuletzt wo es ging »verheimlicht« hatte, entwickelte nun ein jüdisches Selbstbewußtsein, das nach außen hin zunächst in seinem Engagement für den Berliner »Verein für die Cultur und Wissenschaft der Juden« Ausdruck fand. Auf diese Identität wurde Heine im Herbst 1822 noch auf eine andere Art verwiesen: Fast parallel mit seinem Beitritt zum Berliner »Kulturverein« ging die Aufhebung der von der preußischen Regierung versprochenen Judenemanzipation einher: Christlich-germanische Ressentiments gegen die Präsenz jüdischer Intellektueller in Forschung und Lehre machten per königlicher Kabinettsordre vom 18. Au-

gust 1822 die vom Staatskanzler Hardenberg 1812 oktroyierte Gleichstellung der Juden und damit deren Zulassung zu akademischen Schul- und Lehrämtern wieder rückgängig.

Die sozialen Erfahrungen der Berliner Jahre 1821–1823 waren insbesondere für Heines schriftstellerische Selbstfindung bedeutsam, zumal die Kontakte mit dem dortigen Literaturbetrieb. Relativ schnell fand er Eingang in die diversen Teegesellschaften und Lesekränzchen der Salons, in denen er einerseits die Bestätigung als Schriftsteller wie auch andererseits kritischen Abstand von einer konventionell verwerteten Poesie gewann. Das Hauptverdienst an Heines rascher Integration in die Berliner Salonkultur trug zweifellos das Ehepaar Rahel und Karl August Varnhagen von Ense, dessen Wohnung in der Französischen Straße geistiger Sammelpunkt des intellektuellen Berlin war. Rahels Charisma führte die heterogensten Charaktere zusammen und stiftete immer wieder interessante Begegnungen zwischen Angehörigen aller Altersgruppen und Stände. Sie und ihr Mann, dessen »Charakter, Kritik und Loyalität« Heine gleichermaßen zu schätzen wußte, verstanden es, Heine nicht nur zu ermuntern, sondern auch auf fördernde Weise zu kritisieren.

Die Berliner Studienjahre brachten Heine die ersten literarischen Erfolge. Kaum eine Woche verging, ohne daß in einer der dortigen Zeitschriften ein Gedicht, eine Rezension oder eine kleinere Notiz aus seiner Feder erschien. Anderes schickte er an die Redakteure rheinischer Zeitschriften, wobei er an alte Bekanntschaften aus seiner Bonner Zeit anknüpfen konnte. Im Dezember 1821 erschien in der Maurerschen Verlagsbuchhandlung Heines erstes Buch: ›Gedichte‹. Selbstkritisch räumte er in einem Privatbrief ein, daß die meisten Texte dieser Sammlung, fast ausschließlich Liebesgedichte, »wenig Wert« hätten. Er hoffte aber, daß zumindest der Fachmann in

◄ 12   Das Café Stehely. Aquarell von Leopold Ludwig Müller, 1827

13 Rahel Varnhagen von Ense, geb. Levin (1771–1833). Lithographie von Gottfried Küstner

14 Karl August Varnhagen von Ense (1785–1858). Stahlstich

seinen Gedichten »Studium der Volkslieder, Kampf gegen Convenienzpoesie und Streben nach Originalität nicht verkennen« werde. Das gelang ihm indes nicht durchgehend: Immer wieder griff Heine auf antiquierte Floskeln und überlieferte Masken der romantischen Lyrik zurück. Traditionell-epigonales, der Schauer- oder der Marienromantik Verpflichtetes mischt sich mit balladenhaften und schon eigenmoderneren Versuchen wie das ›Lied des gefangenen Räubers‹ oder das Stammbuchsonett für den Düsseldorfer Schulkameraden Gustav Friedrich von Untzer, in dem sich schon der gedrängte, epigrammatische Stil des erneuerten Volksliedes ankündigt, wie er dann für das ›Lyrische Intermezzo‹ charakteristisch ist.

Die ›Gedichte‹ machten zwar keine Sensation, doch konnte Heine mit der Zahl von immerhin sechzehn Besprechungen

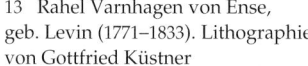

Heine muß »wesentlich« werden, und sollte er Prügel haben.
Rahel Varnhagen von Ense an ihren Mann, 24. Juli 1823

einen Achtungserfolg verbuchen. Für Aufsehen in der Litera-
turszene sorgte er wenig später mit einer kurzen Serie von
›Briefen aus Berlin‹, die zwischen Februar und Juli 1822 im
›Rheinisch-Westfälischen Anzeiger‹ veröffentlicht wurde, der
bedeutendsten überregionalen Zeitschrift des rheinischen
Raums. Mit dieser Artikelserie eröffnete Heine seine eigentliche journalistische Tätigkeit. Versetzt mit einer gehörigen Pri-
se Ironie, vermittelte er den Lesern in der preußischen Provinz großstädtisches Flair. In ihrer scheinbar planlosen,
tatsächlich aber kunstvollen Verbindung von Essay und
Anekdote, Nachricht und Pointe folgen die ›Briefe aus Berlin‹
der von Heine zum Prinzip erhobenen Methode der »Ideen-
Assoziation«, worunter er eine entspannt unsystematische,
lockere Aneinanderreihung nicht immer gleichwertiger, stets
aber interessanter Mitteilungen verstand. Auf diese Weise gelang ihm ein differenziertes Bild des gesellschaftlichen und
kulturellen Lebens der preußischen Hauptstadt, wozu für ihn
die Prostituierten ebenso gehören wie der märkische Hoch-
adel oder die hervorragenden Konditoreien, die preußischen
Königskinder und die städtischen Plebejer. Wenn er doch einmal scheinbar pflichtgemäß über die allerneuesten Gardero-
ben, Premieren und Bälle berichtete, dann persiflierte er damit zugleich das gehaltlose Geschwätz seiner Kollegen.

Diese ersten journalistischen Gehversuche des Vierund-
zwanzigjährigen, die in mancherlei Hinsicht die späteren Korrespondenzen aus Paris vorwegnahmen, erwiesen sich insofern als prägende Erfahrung, als Heine hier erstmals mit
Zensurproblemen konfrontiert wurde, und zwar sowohl mit
Eingriffen der Redaktion wie mit staatlicher Zensur. Im Umgang mit solchen Querelen eignete er sich eine Reihe hand-
werklicher Kunstgriffe an, die seine Kunstprosa grundlegend
geprägt haben: eine ironische Grundhaltung, den rhetorisch

Er muß sich tüchtig zusammennehmen, und sich im Leben jedes Schwin-
deln und Nebeln ernstlich untersagen, sonst läuft er Gefahr, in hohlen Ei-
telkeiten und Täuschungen zusammenzubrechen. Ich hab' es ihm auch
selbst gesagt, und wenn er mir deshalb auch etwas böse ist, so schadet
das nicht.

Karl August Varnhagen von Ense an
Rosa Maria Assing, 20. Juli 1823

durchgebildeten Witzstil bis hin zur kecken Personalsatire, die Mischung von empirischen (manchmal aber auch fingierten) Erlebnispassagen mit Kommentar und Wertung.

Anfang des Jahres 1822 entstand die romantische Schicksalstragödie ›William Ratcliff‹. Im Unterschied zu ›Almansor‹ waren der Niederschrift keine Quellenstudien vorausgegangen; das nötige nordschottische Lokalkolorit, aber auch Personal, Namen und Örtlichkeiten entnahm Heine kurzerhand einem Roman Walter Scotts: ›The black dwarf‹ (1816). »Zündfunke« war vermutlich eine Aufführung von Grillparzers ›Ahnfrau‹ im Berliner Opernhaus am 27. November 1821; anregend wirkten aber auch die Shakespeare-Aufführungen am Berliner Hofoperntheater, insbesondere ›Hamlet‹ und ›Macbeth‹. Heine griff zu einem Modegenre, denn die Schicksalstragödie beherrschte damals die deutschsprachige Bühne.

Vor allem zwei Aspekte verleihen ›Ratcliff‹ den Charakter einer literarischen Innovation: die Charakterisierung des Titelhelden als offensichtlich Wahnsinnigen und der untergründig formulierte klassenkämpferische Gestus, der die moderne Gesellschaft auf zwei Parteien reduziert, auf Satte und Hungerleider. Das verleiht ›Ratcliff‹, auch wenn der Klassenkonflikt durch den privaten Konflikt überlagert wird, Züge einer sozialen Tragödie. Für Heine bestand die Originalität des Werks darin, daß er den antiken Schicksalbegriff durch eine psychopathologische Begründung ersetzte: Zwei Nebelgestalten, die Ratcliff und seiner Geliebten von Zeit zu Zeit wie Doppelgänger erscheinen, verweisen auf ein blutiges Familiengeheimnis, das bis in ihre Generation hinein tragisch weiterwirkt. Für die unerwiderte Liebe Ratcliffs zu Maria sind sie gleichermaßen Initiator und Modell.

Der Einfall, Spukgestalten auf die Bühne zu bringen, bei denen es sich nicht um Gespenster, sondern um die Gestaltwer-

Die politische Situation in Polen zu Beginn des 19. Jahrhunderts
Polens staatliche Selbständigkeit war 1795 durch die territorialen Abtretungen an Preußen, Österreich und Rußland liquidiert worden. Der Wiener Kongreß schrieb 1815 die Teilung des Landes fest, »Restpolen«, das von Napoleon ins Leben gerufene Herzogtum Warschau, wurde als Königreich Polen in Personalunion mit Rußland vereinigt, ein beträchtlicher Teil von Nord- und Westpolen fiel an Preußen. Die Revolutionen des Jahres 1830 stimulierten die polnischen Patrioten. In einem tollkühnen Handstreich überfiel am Abend des

dung einer mystischen Ahnung handelt, fand bei den Kritikern jedoch wenig Zustimmung und erwies sich auch theaterpraktisch als äußerst hinderlich. Überdies war die Poetisierung des Wahnsinns im Schauspiel so verbreitet nicht und von der normativen Ästhetik eines eng verstandenen Idealismus auch geradezu ausgeschlossen. Heine, überzeugt, im ›Ratcliff‹ ein unvergängliches Selbstzeugnis von quasi dokumentarischem Charakter und hoher künstlerischer Wahrheit geschaffen zu haben, irrte sich gründlich, als er meinte, daß sein Stück die Lesewelt »gewiß vielfach beschäftigen« werde: Schon nach drei Jahren krähte kein Hahn mehr danach, und zu einer Aufführung kam es erst lange nach seinem Tod.

Im August 1822 führte Heine die Einladung eines Kommilitonen nach Posen, ins damals preußische Westpolen. Es wurde eine echte Bildungsreise mit politischem, sozialem und kulturellem Hintergrund. Einem Freund schrieb Heine von dort: »Das Land ist abscheulich; einen melancholischen Anblick gewähren die polnischen Dörfer wo der Mensch wie das Vieh lebt.« Der »elende Zustand der polnischen Bauern« sei freilich das »Resultat einer ausgebildeten Aristokratie«. Der anschließend niedergeschriebene und im Januar 1823 in einer großen Berliner Zeitschrift erschienene kritische Aufsatz ›Über Polen‹ rief umgehend polnische Nationalisten und Lokalpatrioten auf den Plan, die meinten, Heines Darstellung in nahezu allen Details korrigieren zu müssen. Unter anderem hatte Heine die Juden aufgrund ihres hohen Bevölkerungsanteils in den Städten und ihrer »staatswirthschaftlichen Wichtigkeit« als »dritten Stand« Polens bezeichnet und aus seiner Sympathie keinen Hehl gemacht.

Im April 1823, und damit bereits 17 Monate nach den ›Gedichten‹, erschien Heines zweites Buch, ›Tragödien, nebst einem lyrischen Intermezzo‹. Der Band vereinigte die Dramen

---

29. November 1830 eine Handvoll Akademiker und Infanterie-Fähnriche die Warschauer Residenz des russischen Militärgouverneurs und erzwang den Abzug der Besatzungstruppen. Nach anfänglichen militärischen Erfolgen bereitete die Invasion zaristischer Truppen dem Aufstand im Herbst 1831 ein Ende.

Daraufhin kam es zu einer Sympathiewelle für die polnischen Freiheitskämpfer, die ganz Europa ergriff. Überall wurden Geld- und Sachspenden gesammelt, und auch die Publizistik nahm sich des Themas an.

›Almansor‹ und ›William Ratcliff‹ mit einem Zyklus kleiner, »maliziös-sentimentaler Lieder«, deren »volksthümliche« Form er sich bei Wilhelm Müller abgeschaut hatte: Bei ihm fand er jenen »reinen Klang und die wahre Einfachheit«, wonach er »immer strebte«. Das ›Intermezzo‹ ist vielleicht die Liebesdichtung Heines schlechthin: Eine Folge von Variationen über das Grundthema der verfehlten, hoffnungslosen Liebe mit der für ihn seitdem charakteristischen ironischen Schlußwendung.

Daß von den 66 Gedichten immerhin schon 46 bereits vorab in Zeitschriften veröffentlicht worden waren, kümmerte Heine wenig; er machte sich die Bekanntheit sogar zunutze, wenn er das ›Intermezzo‹ in einem Brief an den Verleger Dümmler als »Cyklus humoristischer Lieder im Volkstone« anpries, »wovon in Zeitschriften Proben standen, die durch ihre Originalität viel Interesse, Lob und bittern Tadel erregt« hätten. Trotz solcher Verheißungen wurde Heines zweites Buch ein Mißerfolg – nicht so sehr für Heine, der sich über

15   Zeichnung Heines auf der Rückseite eines Briefes an Rudolf Christiani in Lüneburg vom 28. März 1824. Die Szenen erinnern an das Göttinger Studentenleben.

nicht weniger als sechzehn teils ellenlange Rezensionen freuen konnte, sondern für den Verleger, der mutig 750 Exemplare gedruckt hatte und binnen drei Jahren lediglich 270 absetzen konnte.

Vier Wochen nach Erscheinen des Buches verließ Heine die preußische Residenz, um vorläufig zu seinen Eltern nach Lüneburg zurückzukehren: Das vom Onkel ausgesetzte, auf vier Jahre bemessene Stipendium war abgelaufen. Nach dem Großstadterlebnis erlitt er in der selbstgenügsamen, gemütlich-geschlossenen Biedermeierwelt geradezu einen Kulturschock. Zudem glaubte er hier, in der »Residenz der Langeweile«, »großes Rischeß« zu spüren: die Diskriminierung der wenigen hier zugelassenen Juden aufgrund von Vorurteil und Augenschein. Erst nach einem sommerlichen Erholungsurlaub in Hamburg, Cuxhaven und Ritzebüttel hellte sich der trübe Eindruck allmählich auf. Ende 1823 fand er durch den aus jüdischer Familie stammenden Advokaten Rudolf Christiani, »einen sehr gelehrten und literarisch gebildeten Mann«, Kontakt zu jener »höheren Classe«, um deren Anerkennung er kämpfte. Das Fazit lautete nun: »Bildung ist hier gar keine; ich glaube auf dem Rathause steht ein Kulturableiter. Aber die Menschen sind nicht schlimm.«

Der noch bis zum folgenden Frühjahr während Lüneburgaufenthalt erwies sich im nachhinein als ungemein produktiv, entstand hier doch der größte Teil des in den ›Reisebildern‹ später so betitelten ›Heimkehr‹-Zyklus, der 88 Gedichte sowie fünf längere Anhanggedichte umfaßt. Betont lässig, ohne großen ästhetischen Aufwand, gestaltete er erneut das erotisch-romantische Thema, was ihm bei der Literaturkritik immer

Lieben und Hassen, Hassen und Lieben,
'S ist Alles über mich hingegangen;
Doch blieb von Allem nicht an mir hangen,
Ich bin der Allerselbe geblieben.

Und als den Allerselben und unverändert werden Sie ihn finden, wenn Sie wieder zusammentreffen mit diesem Menschen, der Harry Heine heißt, und schlicht und umgänglich wie ein Kind ist, und nur dann und wann höchst ernsthaft wird, und immer über die Narren in der Welt lacht, und täglich eine Bouteille Champagner tringen möchte auf das Wohlseyn seiner Feinde.

An Rudolf Christiani. Göttingen, 28. März 1824

wieder den Vorwurf grober Nachlässigkeit und Flüchtigkeit
eintrug. Formal bevorzugte er dabei wiederum die ironisch-
epigrammatische Kürze des erneuerten Volkslieds; inhaltlich
aber wählte er durchaus aktuelle Themen aus der modernen,
von Konflikten und Widersprüchen gezeichneten Welt des
angebrochenen bürgerlichen Zeitalters, wobei er gelegentlich
den absoluten Ich-Bezug des ›Intermezzo‹ aufgab. Auch
durch die Aufnahme neuer Themen unterscheidet sich die
›Heimkehr‹ von der geschlossenen Liebesthematik des ›Lyrischen Intermezzo‹; mitunter erscheint sie wie ein poetisches
Resümee von Heines Studien- und Wanderjahren, was ihr einen eigenen, unverwechselbaren Ton gibt.

Ende Januar 1824 immatrikulierte sich Heine erneut an der
Universität Göttingen. Ein letztes Mal hatte sich der Onkel
Salomon zur Verlängerung des Stipendiums bereit gefunden.
Der Einstieg fiel Heine leicht; um so schwerer der Abschluß.
Zu enervierend war »das Studium der römischen Casuistik«,
zu angenehm die Ablenkung vom »juristischen Wischiwa-
schi«, die Heine im Schreiben fand. So blieben die folgenden
achtzehn Monate bestimmt vom Kampf zwischen literarischer
Berufung und juristischem Brotberuf. Mit dem nahen Ende
seines Studiums spitzte sich für Heine zudem die berufliche
Problematik zu, lief doch das Jurastudium auf eine Staatsanstellung hinaus und damit auch auf eine Taufe. Selbst die von
Heine vorübergehend als Alternative erwogene freie Advokatur war in zahlreichen deutschen Staaten Christen vorbehalten.

Am 3. Mai 1825 bestand Heine in Göttingen sein juristisches
Doktorexamen. Am 28. Juni, unmittelbar vor der abschließen-
den »Disputation« (der in lateinischer Sprache geführten Verteidigung von fünf Thesen), ließ er sich im benachbarten Heiligenstadt, das im katholischen Eichsfeld lag und somit eine

Von den sieben Jahren, die ich auf deutschen Universitäten zubrachte,
vergeudete ich drey schöne blühende Lebensjahre durch das Studium
der römischen Casuistik. Welch ein fürchterliches Buch ist das Corpus Juris, die Bibel des Egoismus. Wie die Römer selbst blieb mir immer ver-
haßt ihr Rechtskodex. Diese Räuber wollten ihren Raub sicherstellen und
was sie mit dem Schwerte erbeutet suchten sie durch Gesetze zu schützen; deßhalb war der Römer zu gleicher Zeit Soldat und Advokat.

›Memoiren‹

gewisse Anonymität sicherte, protestantisch taufen, wobei er die Vornamen Christian Johann Heinrich erhielt. Seinen Übertritt zum Christentum wollte er durchaus nicht »in einem günstigen Lichte« betrachtet wissen. Wer in seiner Konversion ein bewußtes Bekenntnis zum Protestantismus sieht, geht fehl: Mit der Taufe schuf Heine zunächst nicht mehr und nicht weniger als die Voraussetzung zur beruflichen Integration. Seine Hoffnungen auf eine Staatsanstellung oder eine Advokatur erfüllten sich indessen nicht.

Mit der Taufe zog Heine zugleich einen vorläufigen Schlußstrich unter ein ehrgeiziges literarisches Projekt, das ihn in den letzten Monaten intensiv beschäftigt hatte: Mit dem ›Rabbi von Bacherach‹, einem historischen Roman zur Geschichte des Judentums im Mittelalter, gedachte er der deutschen Literatur gänzliches Neuland zu erobern und zugleich den Prozeß einer historischen Bewußtwerdung des Judentums zu befördern. Der ›Rabbi von Bacherach‹ sollte ein literarisches Manifest für die Bewahrung und Wiederherstellung der vom Untergang bedrohten jüdischen Riten und Traditionen werden, jener »jüdischen Nazional-Besonderheiten, die in der Allgemeinheit neuerer Cultur verloren« zu gehen drohten. Mit diesem Werk schien Heine für sich selbst eine neue, spezifische Rolle sowohl in der deutschen Literatur wie auch im Emanzipationsprozeß der Juden zu definieren, denen er die Kraft für eine authentische Selbstfindung wünschte. Daß das

16 Farblithographie von El Lissitzky zum ›Lied vom Böcklein‹. Aus: ›Der Rabbi von Bacherach‹. Buchverlag Der Morgen, Berlin/DDR, 1978

17 Der Ilsenstein im Harz. Kolorierte Aquatinta von A. Schulz nach Heinrich Martin Grape

Werk Fragment blieb, zeigt, wie tief die Konflikte waren, die es zu überwinden galt, wie unmittelbar die Verstrickung in den eigenen Lebensweg, zumal nach der Taufe. Letztlich schreckte er doch vor dem Schritt in ein deutsch-jüdisches Dichterdasein zurück – nicht aus mangelndem Mut, sondern weil er nicht daran glaubte, daß dem Judentum eine geschichtliche Zukunft vorbehalten sei.

Neben den beiden ersten Kapiteln des ›Rabbi von Bacherach‹ und einer Reihe von Gedichten entstand in den anderthalb Göttinger Jahren die erste Fassung der ›Harzreise‹, wie sie im wesentlichen dann über ein Jahr später, von der Zensur malträtiert, im ›Gesellschafter‹ erschien. Sie geht auf eine mehrwöchige Wanderung durch den Harz während der Herbstferien 1824 zurück, die Heine in den preußischen Teil

Wenn man die obere Hälfte des Brockens besteigt, kann man sich nicht erwehren, an die ergötzlichen Blocksberggeschichten zu denken, und besonders an die große, mystische, deutsche Nationaltragödie vom Doktor Faust. Mir war immer, als ob der Pferdefuß neben mir hinaufklettere, und jemand humoristisch Atem schöpfe.

›Die Harzreise‹

von Sachsen bis nach Thüringen führte. Wie sich in einer ironischen Bemerkung gegenüber Rudolf Christiani verrät, hatte die Reise einen mittelstarken Produktivitätsschub bei ihm ausgelöst: »Wenn ich gut haushalte kann ich mein ganzes Leben lang meine Gedichte mit Harzbäumen ausstaffiren«, schrieb er ihm am 26. Mai 1825.

Eine Tour auf den Brocken, als »Blocksberg« einer der Zentralpunkte deutscher Mythologie, gehörte zum festen Programm nicht nur der Göttinger Studenten. Mitte September brach Heine auf; seine Route führte zunächst über Osterode nach Clausthal-Zellerfeld, wo er die beiden größten Erzgruben, die »Caroline« und die »Dorothea«, befuhr, und weiter über Goslar zum Brocken. Durch die Täler der Bode und Selke ging es dann bis nach Halle. Über Weißenfels, Naumburg und Jena gelangte Heine am 1. Oktober nach Weimar, wo er anderntags Goethe, in dem er zeitlebens »den vollendetsten Liederdichter« sah, seine Aufwartung machen durfte. Goethes greisenhaftes Aussehen (»das Gesicht gelb und mumienhaft, der zahnlose Mund in ängstlicher Bewegung, die ganze Gestalt ein Bild menschlicher Hinfälligkeit«) erschreckte ihn jedoch. Über Erfurt, Gotha, Eisenach und Kassel kehrte er nach Göttingen zurück.

Trotz aller literarisch-philosophischen Peripetien seines Studiums sah sich Heine als frischgebackener Doktor juris zunächst nach einer seiner juristischen Qualifikation entsprechenden Stelle um, wobei er in erster Linie an den Staatsdienst oder an eine Advokatur dachte. Dabei rechnete er sich offenbar nur in Hamburg Chancen aus. Für den Fall, daß die dortigen Pläne fehlschlugen, liebäugelte er mit der Idee, als promovierter Jurist in Berlin die Lehrbefähigung zu erwer

18 Das Brockenhaus auf dem Blocksberg. Stahlstich um 1840

ben, um dann Philosophievorlesungen zu halten. Dieser Seiteneinstieg war damals nicht ungewöhnlich; Heines Chancen an der Philosophischen Fakultät, für die er sich einzig interessierte, wurden durch das absolvierte juristische Fachstudium nicht wesentlich geschmälert, denn die Grenzen zwischen den Fakultäten waren fließend, Disziplinen im heutigen Sinne kaum errichtet.

Heines Weg zum professionellen Autor war keine bewußte Entwicklung weg vom bürgerlichen Beruf und hin zu seiner eigentlichen Bestimmung. In Wirklichkeit hat sich Heine bis zuletzt gegen den Literaturberuf gesträubt, und er tat diesen Schritt nur unter dem Zwang der Verhältnisse, als ihm klar wurde, daß alle anderen Möglichkeiten verbaut waren. Seine individuellen Ansprüche, Veranlagung und spontanen Wünsche waren mit den politischen und sozialen Realitäten unvereinbar. Zwar versuchte er, sich individuell an das System anzupassen, doch vermochte ihm dieses System schließlich nur eine Identität in der Opposition zuzuweisen.

»Wir Menschen sind Passagiere«

Es war die funkelnde Prosa der ›Reisebilder‹, die Heine als Dichter populär machte. Unmittelbar vor der französischen Revolution von 1830, in politisch perspektivloser Zeit, schlugen sie ein wie ein Gewitter und wurden, wie Heine selbst resümierte, zum Prototyp einer Denk- und Schreibweise, an die nachfolgende Schriftstellergenerationen unmittelbar anknüpften.

Die Jahre zwischen dem Wiener Kongreß von 1815 und der Julirevolution von 1830 waren eine Epoche politischer Friedhofsruhe. Es war die Zeit der berüchtigten »Demagogenverfolgungen« und der »Karlsbader Beschlüsse«, die das intellektuelle Leben in Deutschland für drei Jahrzehnte fest im Griff hielten, die Zeit der staatlichen Überreaktion auf die erste Welle der antifeudalen Oppositionsbewegung, die mit Namen wie Jahn, Arndt, Oken und Follen verbunden ist. Insbesondere die Publizistik litt unter den Auswirkungen diverser »Preßgesetze«. Eine allgewaltige Zensur lastete bleiern auf Zeitungsredaktionen und Buchverlagen. Für periodisch erscheinende Schriften und Bücher mit einem Umfang von weniger als 20 Bogen, d. h. unter 320 Seiten, galt eine Präventivzensur: Sie mußten vor dem Erscheinen der Behörde zur Begutachtung vorgelegt werden, damit sämtliche in politischer, persönlicher, religiöser und sittlicher Hinsicht anstößigen Passagen vom Zensor, dessen persönliche Einstellung und Sensibilität ausschlaggebend waren, getilgt werden konnten. Damit war ein beträchtlicher Teil der Buchproduk-

Die Karlsbader Beschlüsse
Auf dem Ministerkongreß im böhmischen Karlsbad wurden im Herbst 1819 die Weichen für den künftigen innenpolitischen Kurs gestellt. Die Ermordung des Staatsrats und Dichters August von Kotzebue durch den Studenten Sand am 23. März und das Attentat auf den Nassauischen Regierungspräsidenten von Ibell am 1. Juli 1819 hatten einen Vorwand für drakonische Zwangs- und Schutzmaßnahmen geliefert. Die am 20. September verabschiedeten, ursprünglich als Ausnahmeverordnungen gedachten »Karlsbader Beschlüsse zur Erhaltung der inneren Sicherheit, der öffentlichen

19 Heinrich Heine. Bleistiftzeichnung eines unbekannten Künstlers, um 1825

tion und die gesamte Zeitungs- und Zeitschriftenpresse unter behördliche Vormundschaft gestellt. Diese Zensurpflicht für Bücher von geringerem Umfang erwies sich indes als nicht besonders taugliche Schutzmaßnahme: Denn entweder konnte der Verleger versuchen, das Buch durch spendablen Druck auf über 320 Seiten zu bringen, oder er ließ es einfach im benachbarten Ausland, etwa im damals zu Dänemark gehörenden Altona drucken, wo die Zensur unter Umständen milder verfuhr oder gar nicht einzugreifen vermochte. Unangenehmer war die Nachzensur mit ihren unberechenbaren Folgen, etwa Verbot und Strafprozeß.

»Ich will viel reisen und viel sehen. Dieses befördert auch meine Poeterey«, hatte Heine nach Abschluß seines Studiums geäußert. Reiseeindrücke, verbunden mit Lesefrüchten und Erkenntnisfortschritten, ließen in diesen Jahren immer neuen Stoff entstehen. Die Arbeit daran ging schneller von der Hand als die aufwendigen, quellengestützten Projekte vom Typus ›Almansor‹. Dennoch war Heine kein Reiseschriftsteller, an Realien sind die ›Reisebilder‹ eher arm. Keine »erzählte Fremde« also, sondern der intelligente Blick auf die vorbeieilende Welt, die in Beziehung gesetzt wird zu eigenen Erfahrungen.

Ordnung und zum Schutze des Besitzstandes« trafen für alle Mitgliedstaaten verbindliche Maßregeln zur Überwachung der parlamentarischen Versammlungen, der Universitäten und der Publizistik. Die Burschenschaften und patriotischen Vereine sowie das Turnwesen waren ihre ersten Opfer. Engagierte, in einer Verbindung organisierte Studenten konnten vom Studium an sämtlichen deutschen Hochschulen ausgeschlossen, politisch unliebsame Dozenten fristlos und ohne Anspruch auf Rechtsmittel entlassen werden. Außerdem wurde eine Zentraluntersuchungskommission mit Sitz in Mainz ins Leben gerufen,

Die Deutschen arbeiten an ihrer Nationalität, kommen damit aber zu spät. Wenn sie dieselbe fertig haben, wird das Nationalitätswesen in der Welt aufgehört haben und sie werden ihre Nationalität gleich wieder aufgeben müssen, ohne wie Franzosen oder Briten Nutzen davon gezogen zu haben. ›Prosanotizen‹

Das erlaubte es Heine, alle Register seiner Kunst zu ziehen, Empirie und Fiktion zu mischen, witzige Ideen-Assoziationen zu entwickeln, Kontrastvergleiche anzustellen und immer wieder die Grundlage zu schaffen für ernsthafte, analytische, teilweise prophetische Resümees von Gewicht. Dem offenen Bauprinzip der einzelnen Texte entsprach die lose Reihenform der Bände: Die ›Reisebilder‹ waren nur der Sammelname, unter dem verschiedene literarische Formen, Genres und Gattungen vereint werden konnten: Reiseberichte, feuilletonistische Skizzen, Korrespondenzartikel, Aufsätze und Essays ebenso wie Übersetzungen, Gedichte und Xenien.

Der erste Band der ›Reisebilder‹ erschien im Mai 1826. Er enthielt die verbesserte und erweiterte ›Harzreise‹ sowie zwei Gedichtzyklen: die 88 Gedichte der ›Heimkehr‹ und die erste Abteilung der ›Nordsee‹; in der zweiten Auflage von 1830 ergänzte ›Nordsee II‹ die erste Abteilung. Die ›Harzreise‹ war Heines erste Prosaarbeit mit der für ihn von nun an charakteristischen Mischung von empfindsamen und satirischen Stilelementen, wie er es zuvor in den ›Heimkehr‹-Gedichten praktiziert hatte. Erstmals erprobte er hier die für ihn charakteristischen Ironie- und Satireformen, die der Beschreibung der politischen und sozialen Wirklichkeit der Restauration einen neuen, kritischen Ton gaben. Mit dieser neuartigen Prosasatire gelang ihm der Durchbruch zur Popularität.

Kernstück des zweiten ›Reisebilder‹-Bandes bildet ein autobiographisches Fragment: ›Ideen. Das Buch Le Grand‹. Indem

die sich ab dem 8. November 1819 um die Aufdeckung und Bekämpfung der »demagogischen Umtriebe« kümmerte, wie die freisinnige Bewegung denunziatorisch genannt wurde.

er Erfahrungssplitter aus seinen Kindheits- und Jugendjahren am Rhein und in Hamburg vor den welthistorischen Hintergrund der napoleonischen Ära rückte, verband Heine autobiographische Skizze und weltgeschichtliche Perspektive. Mit dem Untertitel imitierte er die prophetischen Bücher des Alten Testaments: Sein ›Buch Le Grand‹ ist das Prophetenbuch für einen »weltlichen Heiland«, der Napoleon heißt, der gelitten hat nicht unter Pontius Pilatus, sondern unter Hudson Lowe, dem englischen Kommandanten von St. Helena, Napoleons Verbannungsort. Heine erhebt den französischen Imperator in den Rang eines weltgeschichtlichen Erlösers, und seine Schilderung von dessen Einzug in Düsseldorf im Jahr 1811 evoziert unwillkürlich den Einzug Christi in Jerusalem. Fiktionale, reflektierende und satirische Abschnitte wechseln, romantische Motive werden mit realistischen Beobachtungen verschmolzen, historische Figuren neben Symbolgestalten gestellt. Die Montage ist das leitende Strukturprinzip des Textes.

Durch den gemeinsamen Napoleon-Komplex miteinander verbunden, geht den ›Ideen‹ die dritte Abteilung der ›Nordsee‹ voran. Sie ist diesmal in Prosa verfaßt. Geschickt arrangierte Heine hier eine bunte Abfolge von Mitteilungen über das armselige Leben und die dumpfe Mentalität der Insulaner, über Katholizismus, die verführerischen Wirkungen des Strand- und Badelebens, Goethe, »seemännische Wundersagen« und den hannöverschen Adel; über Seelenwanderung, Napoleon und seine Biographen, Walter Scott und Lord Byron. Literaturkritische Xenien aus der Feder des Freundes Karl Immermann beschließen den Text. Sie wurden später Auslöser des Streits mit dem Dichter August von Platen. Weil das Buch »eine gewisse Bogenzahl enthalten mußte, um den Ansprüchen einer hochlöblichen Censur zu entgehen«, gab

Napoleon: Er war nicht von jenem Holz, woraus man die Könige macht – Er war von jenem Marmor, woraus man die Götter macht.

›Prosanotizen‹

20 Der Verleger Julius Campe (1792–1867).
Stahlstich nach einer Fotografie

Heine noch die ›Briefe aus Berlin‹ dazu.

Die wachsende politische
Brisanz seiner Texte läutete
Heines lebenslangen Kampf
mit den deutschen Behörden
ein. Nicht genug, daß Autor
und Verleger, um der Vorzensur aus dem Weg zu gehen, die
›Reisebilder‹ ab dem zweiten Band
als über 360 Seiten starke und damit
zensurfreie Sammelbände konzipierten: Hei-
ne entwickelte obendrein, um auch einem nachträglichen Verbot vorzubeugen, die hohe Kunst des Ideenschmuggels, des
Einkleidens und Verstellens. Im zweiten Teil der ›Reisebilder‹
brachte er es fertig, die Zensur mit ihren eigenen Waffen zu
schlagen: Da die Streichungen ohne Rücksicht auf den Sinn-
zusammenhang des Textes erfolgten und die so entstandenen
Lücken im Text aus Kostengründen im Druck meist stehen
blieben, entwarf Heine für die ›Ideen‹ ein Kapitel, das lediglich aus vier Worten bestand, die durch fingierte Zensur-
striche voneinander getrennt waren. Hintereinander gelesen
ergab dies: »Die deutschen Zensoren – Dummköpfe«. Damit
hatte er das Verfahren parodistisch ad absurdum geführt.

(...)
Der Campe ist wirklich ein großer Mann,
Ist aller Verleger Blüte.

Ein andrer Verleger hätte mich
Vielleicht verhungern lassen,
Der aber gibt mir zu trinken sogar;
Werde ihn niemals verlassen.

Ich danke dem Schöpfer in der Höh,
Der diesen Saft der Reben
Erschuf und zum Verleger mir
Den Julius Campe gegeben!
                    ›Deutschland. Ein Wintermährchen‹, Caput XXIII, 1844

Ermutigt vom Erfolg des ersten ›Reisebilder‹-Bandes entwarf Heine im Herbst 1826 den Plan einer großen »Sammlung« seiner »sämtlichen Gedichte«. Er hoffte, durch ein solches Buch als Liederdichter ebenso populär zu werden wie Bürger, Goethe und Uhland mit ihren Lyrikbänden. Obgleich er von vornherein auf Honorar verzichtete, war sein Verleger Julius Campe für dieses Projekt nur schwer zu gewinnen gewesen. Vermutlich konnte Heine es überhaupt nur im Gefolge der zugkräftigen ›Reisebilder‹ auf den Weg bringen. Daß das ›Buch der Lieder‹ einmal zu einem Kultbuch werden würde, in seiner Wirkung vergleichbar dem Eindruck, den Goethes ›Werther‹ auf die Generation von 1770 gemacht hatte, war nicht abzusehen. Zu einem Publikumserfolg wurde Heines Gedichtsammlung auch erst zehn Jahre später, und zwar zunächst bei den Studenten, also der nachfolgenden Generation, die sich mit dem Lebensgefühl, das sich in diesen Poesien offenbarte, zu identifizieren wußte. Ab 1837 folgten die Auflagen dann rasch aufeinander und machten das Buch zu einer der erfolgreichsten Lyriksammlungen der Weltliteratur.

Wenngleich sich der Erfolg des ›Buchs der Lieder‹ zunächst relativ bescheiden ausnahm, so entdeckte doch zumindest die Fachkritik bald in Heines Lyrik einen neuen Ton, womit sowohl formale Elemente wie inhaltliche Bezüge angesprochen waren. Hervorgehoben wurde die Originalität, mit der sich eine kraftvolle Subjektivität ihre Bahn breche. Auf Widerspruch stießen jedoch schon bald die lakonisch-parodistischen Gedichtschlüsse, mit denen Heine sein Unbehagen an einer rein ästhetischen Kultur ausdrückte.

21 Reinschrift des Gedichtes ›Loreley‹ von Heinrich Heine

Heines Liebeslyrik gründet im wesentlichen auf der Überzeugung, daß wahre Liebe auf Disharmonie beruht, daß sie ohne Aussicht auf Erfüllung ist und man ihrer allenfalls für einen flüchtigen Augenblick teilhaftig werden kann. »Aus meinen großen Schmerzen / Mach' ich die kleinen Lieder«, heißt es programmatisch in einem Gedicht des ›Lyrischen Intermezzo‹. Für den Ausdruck seiner Enttäuschung, die Erfahrung von Verlust oder die Vorahnung neuen Leids fand Heine eine universell verständliche Sprache, deren Unmittelbarkeit, Intensität und Prägnanz bis heute beeindrucken. Ihm gelang der Schritt zu einem neuen, eigenen lyrischen Ausdruck, der später als »Heine-Ton« bekannt und berühmt wurde. Die hochsubjektive Liebeslyrik avancierte zum Ausdruck eines allgemeinmenschlichen Lebensgefühls. So profiliert war dieser neue Stil, daß er alsbald aufgegriffen, »nachgepfiffen«, auch parodiert wurde, nicht zuletzt von Heine selbst.

22   Un Concert de Famille [Ein Familienkonzert]. Kolorierte Lithographie, um 1850

Im Oktober 1827 erreichte Heine ein Angebot, das die sich seit
dem relativen Erfolg der ersten beiden ›Reisebilder‹-Bände
abzeichnende Entwicklung hin zum Berufsschriftsteller zu
konkretisieren schien: Für ein vergleichsweise bedeutendes fi-
xes Jahresgehalt von ca. 4000 Francs sollte Heine zum 1. Dezember 1827 als Mitarbeiter am ›Ausland‹ und Mitredakteur
der ›Neuen Allgemeinen Politischen Annalen‹, einer Monats-
schrift, die ab Januar 1828 in München unter diesem neuen Titel erschien, in die Dienste des Verlegers Johann Georg Cotta
treten. Cottas Vorschlag kann nicht anders als generös genannt werden, entsprach Heines Gehalt doch dem eines gut-
bezahlten Universitätsprofessors. Das Angebot traf Heine in
einer Phase drängender Stellungssuche, und daher zögerte er
nicht lange. Im November übersiedelte er ins bayrische »Foyer
der Noblesse«.

Der buchhändlerische Erfolg der ›Annalen‹ entsprach jedoch auf Dauer nicht den hochgesteckten Erwartungen. Auch
scheint die redaktionelle Alltagsarbeit Heine alles andere als
inspiriert zu haben. Um seine publizistische Stellung litera-
turpolitisch auszubauen, wie er sich das zunächst offenbar
gedacht hatte, fehlte es ihm an Spielraum wie an Allianzen.
Auch fand er nicht einmal im Kreis der liberalen Opposition
Gleichgesinnte, da sich hier sofort die Kluft auftat zwischen
nationaler Beschränktheit und kosmopolitischem Universalis-
mus, wie Heine ihn seit Jahren propagierte. Während der allgemeine »Freyheitskrieg« für Heine den Kampf gegen Feuda-
lismus und Absolutismus, gegen Nationalismus und die
etablierten Religionen umfaßte, gründete das liberale Sen-
dungsbewußtsein der meisten deutschen Oppositionellen in
einem christlichen, dezidiert antifranzösischen und nicht selten antisemitischen Nationalgefühl. Weil sich ihr politischer
Enthusiasmus mit einem ausgeprägten Haß gegen alles Frem-

23 Ludwig I.
(1786–1868).
Zunächst vom
liberalen Ge-
dankengut
beeinflußt
und reform-
orientiert,
wurde die Poli-
tik Ludwigs I., seit 1825 König von
Bayern, nach 1830 zunehmend reaktionärer. Nach Ausbruch der März-
revolution 1848 mußte er deshalb
zurücktreten. Heines anfängliche
Bewunderung für die Kultur- und
Wissenschaftspolitik des jungen
Königs verwandelte sich schon bald
in scharfen Spott.

24   Heinrich Heine. Portrait von
Gottlieb Gassen, 1828

de, »Un-Deutsche« verband,
verstellten sie sich den Blick
für weitreichende Reformen
von Staat und Gesellschaft,
die über die bloße Veränderung der Regierungsform hinausgingen.

   Wie Heines gleichzeitige
Bemühungen, an der Münchner Universität als außerordentlicher Professor Fuß zu
fassen, zeigen, betrachtete er seine publizistische Tätigkeit damals nur als vorübergehenden Notbehelf. Während er seinerzeit in Berlin vergeblich auf eine »professionelle« Professur
spekuliert hatte, hoffte er nun auf eine Honorarprofessur, für
die ihn keine wissenschaftlichen Verdienste, sondern allein
seine literarischen Leistungen qualifizierten. Sie standen daher bei seiner Bewerbung im Vordergrund. Um einer solchen
Lösung willen war er auch zu politischen Konzessionen bereit: Als er König Ludwig durch seinen Verleger Cotta drei
seiner bisherigen Bücher überreichen ließ, sollte dieser dazu
erklären, »der Verfasser selbst sey viel milder, besser und
vielleicht jetzt auch ganz anders als seine früheren Werke«;
der König werde »weise genug« sein, »die Klinge nur nach
ihrer Schärfe zu schätzen, und nicht nach dem etwa guten
oder schlimmen Gebrauch, der schon davon gemacht worden«. Heine spielte also durchaus mit dem Gedanken, daß
seine rhetorischen Fähigkeiten sich nicht unbedingt in der

Das ist Herr Ludwig von Baierland,
Desgleichen giebt es wenig;
Das Volk der Bavaren verehrt in ihm
Den angestammelten König.
(…)
Herr Ludwig ist ein großer Poet,
und singt er, so stürzt Apollo
Vorr ihm auf die Kniee und bittet und fleht:
Halt ein! ich werd sonst toll, O!

›Lobgesänge auf König Ludwig I.‹

Vertretung und Propagierung oppositioneller Interessen zu dokumentieren brauchten. Da er mit seinem Düsseldorfer Landsmann, dem nachmaligen bayrischen Innenminister Eduard von Schenk (der selbst literarische Ambitionen hegte und besonders als Dramatiker hervorgetreten war) freundschaftlich verkehrte und in ihm einen wichtigen Fürsprecher bei Hofe besaß, standen seine Chancen in der Tat nicht schlecht.

Um Heines Position richtig zu verstehen, sind eine Reihe von Umständen zu berücksichtigen. Ludwig I. hatte damals den Ehrgeiz, aus seiner Residenz ein geistiges und künstlerisches Zentrum ersten Ranges zu machen. In den Zusammenhang dieser Bestrebungen gehörte die Verlegung der Universität von Landshut nach München, die Förderung überregional ausgerichteter Presseorgane (ein Gebiet, auf dem der Hof eng mit dem Cotta-Verlag zusammenarbeitete), großer Bauvorhaben zur architektonischen Gestaltung Münchens sowie der bildenden Künste. Außerdem hatte sich der bayrische Landesherr auch in der Hochschulpolitik als Freund der Wissenschaften gezeigt. Auf seine Einladung hin lehrte in München, ohne daß er zuvor ein Studium absolviert hatte, Joseph Görres Geschichte und Literaturgeschichte. Hier las Schelling Philosophie, für Heine bis zu seinem Abfall vom Pantheismus eine liberale Hoffnung, hier lehrte der Naturforscher Lorenz Oken, »der genialste Denker und einer der größten Bürger Deutschlands«. Die Einbeziehung des jungen Heine in die allgemeine kulturelle Aufwertung der bayrischen Residenz mußte für den bisher von offizieller Anerkennung nicht verwöhnten Autor eine große Bestätigung darstellen. Hier bot sich ihm, der für die Mühen seines juristischen Studiums nie belohnt worden war, eine seiner wirklichen Begabung angemessene Stellung.

Berühmte Italien-Reisende vor Heine und ihre Werke:

Laurence Sterne: ›A Sentimental Journey through France and Italy‹, London 1768
Wilhelm Heinse: ›Ardinghello und die glückseligen Inseln. Eine italienische Geschichte aus dem 16. Jahrhundert‹, Lemgo 1787

Karl Philipp Moritz: ›Reisen eines Deutschen in Italien in den Jahren 1786 bis 1788. In Briefen‹, Berlin 1792/1793
Gottlieb Heinrich Heinse: ›Fiormona oder Briefe aus Italien‹, Berlin 1794
Ernst Moritz Arndt: Bruchstücke aus einer Reise durch einen Theil

Nach Einreichung seines Gesuchs begab sich Heine auf eine allerdings schon seit langem geplante Reise nach Italien, um dort die Entscheidung seiner Münchner Angelegenheiten abzuwarten. Es dauerte noch bis zum Januar 1829, ehe sich der König entschied, »Dr. Heines Gesuch« nicht zu bewilligen. Die Ablehnung kam offenbar vor allem auf Betreiben ultramontaner Kreise zustande; nachteilig wirkte sich auch Gustav Schwabs scharfe Rezension des ›Buchs der Lieder‹ aus. Das Scheitern von Heines Karriereplänen drückte indes einen objektiven Tatbestand aus: Das Mäzenatenmodell war auf einen Autor, der sich politisch in dieser Weise exponiert hatte, nicht mehr anwendbar. Heines Schriften waren Elemente einer sowohl öffentlich als auch privat geführten Auseinandersetzung geworden, hatten einen besonderen Platz im Spannungsfeld der politischen und sozialen Tendenzen der Zeit eingenommen. Genau betrachtet, war es also Heine selbst, der seine unzeitgemäßen Anpassungsversuche vereitelte. Obendrein dürften seine ketzerischen Sprüche in der ›Harzreise‹, auslegbar als »Nestbeschmutzung« der Akademikerzunft, nicht eben dazu beigetragen haben, seine Einstellungschancen zu erhöhen.

Mit dem Scheitern seiner Münchner Bewerbung war Heine wieder auf die Schreibarbeit als Broterwerb zurückgeworfen; die gescheiterten Berufspläne mußten ihn zwangsläufig weiter und intensiver sein Glück als Schriftsteller versuchen lassen. Das politisch-ideologische Engagement, das den weiteren ›Reisebilder‹-Bänden immer mehr seinen Stempel aufdrückte, entfaltete eine unaufhaltsame Dynamik, in der seine Versuche, beruflich doch noch in systemkonformer Stellung Fuß zu fassen, konsequent untergingen. Insofern bezeichnete München auch einen Wendepunkt in Heines Selbstverständnis.

Italiens im Herbst und Winter 1798 und 1799‹, Leipzig 1801

Johann Gottfried Seume: ›Spaziergang nach Syrakus‹, Braunschweig/Leipzig 1803

Germaine de Staël-Holstein: ›Corinne ou l'Italie‹, Paris 1807

Johann Wolfgang von Goethe: ›Aus meinem Leben. Zweiter Abteilung Erster und Zweiter Teil‹, Tübingen 1816/1817 (›Italienische Reise‹)

Wilhelm Müller: ›Rom, Römer und Römerinnen. Eine Sammlung vertrauter Briefe aus Rom und Albano mit einigen späteren Zusätzen und Belegen‹, Berlin 1820

Lady Morgan: ›Italy‹, London 1821

Nach seiner Rückkehr aus München hielt sich Heine knapp vier Wochen in Hamburg auf, um im Februar 1829 nach Berlin, im April dann nach Potsdam überzusiedeln, die preußische Nebenresidenz. Er lebte mit gepackten Koffern. Anfang 1830 kamen die ersten Exemplare seines dritten ›Reisebilder‹-Bands in den Buchhandel. Sie enthielten die Früchte von Heines Italienreise vom Sommer 1828. In der ›Reise von München nach Genua‹ verarbeitete er Eindrücke aus den ersten Wochen seines Italienaufenthalts, an die er Beobachtungen, Reminiszenzen, Reflexionen und Visionen knüpfte. Wie schon im ›Buch Le Grand‹ suchte er auch hier nach Berührungspunkten seiner persönlichen Erfahrung mit der Weltgeschichte, nach Ereignissen, in denen sich das Allgemeine im Individuellen verwirklichte. Dafür nahm er auch Korrekturen an der erlebten Wirklichkeit in Kauf. Der zweite Teil der Italienreise, die ihn bis Florenz geführt hatte, wurde nur noch zu einem geringen Teil verarbeitet: In den ›Bädern von Lukka‹ erscheint Italien mehr oder weniger als Kulisse, nicht aber als zwingend gegebener Handlungsort. Die gewählte Form des Reiseromans, mit fiktionaler Handlung und handelnden Personen, ließ kaum Raum für Semi-Dokumentarismus.

Spät erst entschloß sich Heine, in den humoristischen Reiseroman seine polemische Entgegnung auf die Angriffe des Grafen August von Platen einzubauen. Mit ihnen hatte Platen in seinem Lustspiel ›Der romantische Oedipus‹ auf die er-

wähnten literaturkritischen Epigramme Immermanns im zweiten Teil der ›Reisebilder‹ reagiert.

Im März 1830 übersiedelte Heine ins damals holsteinische Wandsbek, den Sommer verbrachte er auf Helgoland. Hier erfuhr er aus den Tageszeitungen von einer Revolution in Paris, die zum Auftakt einer Serie von nationalen Befreiungs- und sozialen Protestbewegungen wurde und das System der Restauration, das die europäischen Mächte auf dem Wiener Kongreß von 1815 beschlossen hatten, empfindlich erschütterte: Belgien erkämpfte seine Unabhängigkeit von den Niederlanden, in Polen brach ein Aufstand gegen die russische Oberherrschaft aus, Italien erhob sich gegen Österreich. Ende August erreichte die Woge der Revolution auch Deutschland, wo sich die Lebensverhältnisse weiter Teile der Bevölkerung seit Jahren ständig verschlechtert hatten. Am 7. September brannte das Braunschweiger Schloß, gleichzeitig kam es auch in Aachen und Jülich, Leipzig und Hamburg, Kassel und Hanau zu Kundgebungen und Unruhen. Da es jedoch an einem politischen Zentrum fehlte, blieben die Massenproteste und Aufstände in Deutschland lokal begrenzt.

Nach Jahren der politischen Restauration war damit von Paris aus ein Signal an Europa ergangen, das 1789 begonnene Werk wiederaufzunehmen. Der Versuch Karls X., die liberalen, in der Verfassung garantierten Rechte des Parlaments einzuschränken oder ganz abzuschaffen, war am Widerstand der Pariser Bevölkerung gescheitert, einer breiten Koalition aus Bürgertum, Arbeiterschaft und Studenten, aus Konservativen, Liberalen und Republikanern. Während der »drei ruhmreichen« Tage vom 27. bis 29. Juli hatte das Volk von Paris dem Bourbonen-Regime ein schnelles Ende bereitet. Danach brachen jedoch sofort die Interessengegensätze innerhalb der siegreichen Opposition auf: Die Republikaner

◄   25 Szene aus der Julirevolution
1830 in Paris. Kolorierte Radierung
von Johann Andreas Endter

träumten von einer Neuauflage der jakobinischen Republik, die liberale Bourgeoisie schreckte davor zurück. Louis-Philippe, der Herzog von Orléans, schien den liberalen Bankiers, den Großgrundbesitzern, Kaufleuten und Industriellen der geeignete Mann, die revolutionären Energien zu kanalisieren; seine Thronbesteigung wurde von ihnen geschickt und mit überlegenem politischen Spürsinn betrieben. Damit war das Julikönigtum in den Sattel gehoben. An Stelle des letzten Bourbonenkönigs, der sich »von Gottes Gnaden König von Frankreich« hatte titulieren lassen, übernahm Louis-Philippe die Königswürde. Am 9. August 1830 leistete er seinen Eid auf die französische Verfassung, als »König der Franzosen«.

Auch wenn seine schriftstellerischen Einnahmen eine aufsteigende Linie verzeichneten, fiel Heine während der letzten Jahre in Deutschland doch wieder in die alte Familienabhängigkeit zurück. Zu seinem Leidwesen wollten sich Salomon und die Seinen nie zu einer echten Anerkennung von Heines außerhalb der kommerziellen Sphäre liegenden Leistung verstehen. Die Störungen und Mißhelligkeiten beim Auszahlen der Unterstützung trafen ihn deshalb sowohl in seiner Identität als einer bestimmten Familie angehörender Jude wie in seiner Identität als engagierter Schriftsteller. Über die materiellen Belange hinaus war sein Kampf um diese Gelder somit auch ein Kampf um die Anerkennung seiner Person durch die Familie und die Gesellschaft.

Um sich aus dieser Zwangslage zu befreien, verfiel Heine Ende des Jahres 1830 noch einmal auf dieselbe Idee, der er schon in München monatelang angehangen hatte: Nur zwei Jahre nach dem Scheitern seiner damaligen Karrierepläne und nachdem er sich als Autor politisch noch weiter profiliert hatte, meinte er immer noch, einer Bewerbung für den Staats-

»Sehen Sie, wie glücklich das Volk ist«, bemerkte mein Begleiter, indem er mir die vielen Wagen voller Masken zeigte, die laut jubelten, und die lustigsten Narreteien trieben. Die Boulevards gewährten wirklich einen überaus ergötzlich bunten Anblick, und ich dachte an das alte Sprichwort: ›Wenn der liebe Gott sich im Himmel langweilt, dann öffnet er das Fenster und betrachtet die Boulevards von Paris.‹

›Französische Zustände‹, 25. März 1832

dienst stünde nichts im Wege. Während er vorsichtig seine Fühler noch einmal nach Preußen und Österreich ausstreckte, leitete er im Dezember 1830 – allerdings mehr theoretisch als praktisch – erste Schritte ein, um sich für ein eben freigewordenes hohes Verwaltungsamt in Hamburg zu bewerben. Synchron zu dieser erfolglosen Stellungssuche – jede über die rein zeitliche Beziehung hinausgehende Interpretation ist nur schwer nach allen Seiten abzusichern – verschärfte sich der von ihm in seinen Schriften angeschlagene politische Ton.

Als vierter und letzter Band der Serie erschienen Anfang 1831 die ›Nachträge zu den Reisebildern‹, zugleich Fortsetzung des Reiseromans mit reduziertem Personal und Dokumentarbericht: In der ›Stadt Lukka‹ setzte sich Heine ausführlich mit den Ideen auseinander, deren Personifikationen er im dritten Band bekämpft hatte. Er kritisierte die deutsche nationale Engstirnigkeit sowie das unselige Bündnis von Thron und Altar und propagierte die Befreiung vom feudalen System, die Notwendigkeit einer durchgreifenden sozialen Emanzipation und eine Literatur des Fortschritts. In den anschließenden ›Englischen Fragmenten‹ sammelte er die England-Artikel, die er in seiner Münchner Zeit in verschiedenen Zeitschriften des Cotta-Verlages veröffentlicht hatte. Zusammengehalten werden beide Texte durch das Thema der »Be-

26 Der Boulevard des Italiens in Paris. Kolorierte Lithographie von Ph. Benoist nach Adolphe Jean-Baptist Bayot

freyung«. Im aus Umfangsgründen hinzugefügten »Schluß-
wort« (um die Vorzensur umgehen zu können, fehlten zunächst einige Seiten) formulierte Heine sein radikalisiertes
schriftstellerisches Selbstverständnis nach der Julirevolution.

Insbesondere die in der ›Stadt Lukka‹ gegen »Thron und
Altar« gerichteten Passagen waren es, welche die Justiz zu ra-
schem Einschreiten veranlaßten. Denn eine Charakterisierung
des Christentums als »trübselige, blutrünstige Delinquenten-
religion« oder Kritik an der »Schlangenlist unserer Pfäffe-
lein«, an »Adelgeziefer«, »Fürstenlaster« und »Despotismus«
war nicht tolerierbar. Der Vorsitzende des preußischen Ober-
zensurkollegiums beschrieb Heines ›Nachträge‹ als »alles
übersteigend was mir von gotteslästerlichem Frevel je vorge-
kommen« und forderte ein augenblickliches Verbot »dieses
Scheusals von Schrift«. Kaum je zuvor habe es ein Autor ge-
wagt, ein Buch zu publizieren, in dem »das Heiligste herabge-
würdigt« werde, in dem »empörende Blasphemien« gepre-
digt würden und das obendrein die »gehässigsten Invectiven
gegen Staatsinstitutionen und Staatsverwaltung« enthalte.
Das blieb nicht ohne Wirkung: Am 5. April sprach das Ministerium des Innern und der Polizei ein Verbot des Werkes
aus. Vier Wochen später verließ Heine Deutschland und sie-
delte nach Paris über.

»Deutsche Nachtigall in der Perücke Voltaires«

Die Stadt, die Heine 1831 zum Abschied von Deutschland verführte, war das Paris der Julirevolution. Die Jahre nach 1830 standen im Zeichen einer langsamen, aber nicht linear verlaufenden Stabilisierung der neuen Machtverhältnisse. Heine erlebte vor Ort die Nachwehen einer bürgerlichen Revolution und die allmähliche Konsolidierung des Julikönigtums, das zwar für politische Veränderungen sorgte, an den überkommenen Sozialverhältnissen jedoch unbeirrt festhielt. Zwar wurde das Wahlrecht von früher 100000 auf jetzt 200000 Wähler erweitert, doch bei einer Gesamtbevölkerung von 32 Millionen blieben Bauern, Kleinbürgertum und Arbeiterschaft weiterhin von politischer Mitbestimmung ausgeschlossen. Durch die Abschaffung der erblichen Pairswürde, durch Gewährung von Privilegien und freien Entfaltungsmöglichkeiten für die Wirtschaft – womit die Industrialisierung eingeleitet wurde –, durch Niederhaltung der republikanischen Bewegung und scharfe Zwangsmaßnahmen gegen die ersten Arbeiterselbsthilfe-Organisationen gelang es der Monarchie, einen Großteil der Honoratioren und

27 Louis-Philippe (1773–1850), Lithographie.
Der Sohn des Herzogs von Orléans, der trotz seiner königlichen Herkunft als revolutionärer »Philippe – Égalité« in die Geschichte eingegangen ist, war selbst ein Anhänger der Revolution. Nach der Hinrichtung seines Vaters (1793) hielt er sich in England, Deutschland und der Schweiz auf und war von 1830 bis zu seinem Sturz 1848 »König der Franzosen« – und nicht König von Frankreich, wie die ältere Bezeichnung lautete.
Der »Bürgerkönig« gab sich gern als Verfechter liberaler Prinzipien, denen er gegen Ende seiner Regentschaft mit Gewaltmaßnahmen entgegentrat.

der neuen Industriebourgeoisie für sich zu gewinnen. Die Vormachtstellung des Adels war beseitigt; politische Einflußnahme leitete sich nicht länger vom (meist adeligen) Grund-, sondern zunehmend auch vom (meist bürgerlichen) Geldbesitz ab, die Identität von wirtschaftlicher und politischer Macht war hergestellt. Geldumlauf und Wertpapierhandel erreichten eine zuvor nicht gekannte Bedeutung, die Pariser Börse wurde zum Ort, »wo die Interessen wohnen, die in dieser Zeit über Krieg und Frieden entscheiden«.

Bereits nach Ablauf weniger Monate machte der Revolutions-Enthusiasmus einer weitgehenden Ernüchterung Platz. Die kritischen Stimmen mehrten sich, als sich innerhalb der Parteigänger der Julimonarchie eine Verschiebung von der liberalen Seite hin zu den konservativen Kräften vollzog. Der erste Ministerpräsident Jacques Lafitte wurde im März 1831 von Casimir Périer abgelöst, der die Politik des »Juste Milieu«, der »wahren Mitte« einführte. Nach seinem frühen Choleratod 1832 folgten ihm noch konservativere Männer wie der Duc de Broglie und François Guizot. Zugleich nahm auch der persönliche Einfluß des Königs auf die Regierungsgeschäfte zu. Die Republikaner wurden an die äußerste Linke des politischen Spektrums gedrückt und weitgehend isoliert. Sie organisierten sich nun teilweise in Geheimgesellschaften. Aufstandsversuche im Juni 1832 und April 1834 scheiterten. Die parlamentarische Opposition verlor an Einfluß, das Parlament selbst an politischem Gewicht. Der »Bürgerkönig« hatte sich als König der Bourgeoisie entpuppt.

Die Regierungskrise der Jahreswende 1839/40 brachte am 1. März 1840 Adolphe Thiers ans Ruder, der eine von Louis-Philippe unabhängigere Politik zu führen versuchte. Seine national akzentuierte Außenpolitik aber, die in entscheidenden Punkten wie der Orient- und der Rheinfrage scheiterte, seine

Weder Sein noch Nichtsein, sondern Ruhe oder Unruhe ist die große Frage der Börse. Danach richtet sich auch der Diskonto. In unruhiger Zeit ist das Geld ängstlich, zieht sich in die Kisten der Reichen, wie in eine Festung zurück, hält sich eingezogen; der Diskonto steigt. In ruhiger Zeit ist das Geld wieder sorglos, bietet sich preis, zeigt sich öffentlich, ist sehr herablassend. So ein alter Louisd'or hat mehr Verstand als ein Mensch und weiß am besten, ob es Krieg oder Frieden gibt.

›Französische Zustände‹

den konservativen Honoratioren verdächtige, ja gefährlich erscheinende Neigung zu populären, propagandistisch wirksamen Aktionen – Rückführung der sterblichen Überreste Napoleons, Befestigung von Paris –, schließlich der wachsende Gegensatz zum König isolierten ihn jedoch zusehends innerhalb der politischen Führungsschicht. Auch seine nach anfänglichem Zögern zuletzt drakonische Unterdrückung der Streikbewegung der Pariser Arbeiter im September 1840 konnte ihm den bei der Industriebourgeoisie verspielten Kredit nicht wieder einbringen. Er mußte im Oktober zurücktreten. Nun wurde Guizot für die nächsten sieben Jahre zur neben Louis-Philippe bestimmenden Figur der französischen Politik.

Heines Haltung zur Julimonarchie, die er einerseits als historischen Fortschritt sah, andererseits als Übergangslösung, die den Keim ihres Verfalls schon in sich trug, blieb bis zum Ende zwiespältig. Das hinderte ihn jedoch nicht daran, im April 1840 von Ministerpräsident Thiers eine Regierungspension (aus einem Geheimfonds des Außenministeriums) in Höhe von monatlich 400 Francs anzunehmen, was immerhin dem Gehalt eines gutverdienenden Universitätsprofessors entsprach.

Zu diesem Zeitpunkt war Heine kein namenloser deutscher Flüchtling, dem die französische Regierung aus rein humanitären Gründen unter die Arme griff. Vielmehr war er seit kurzem reaktivierter Korrespondent der einflußreichen ›Allgemeinen Zeitung‹, und dies zu einem Zeitpunkt, da das neue Ministerium Thiers eine großangelegte Offensive zur Verbreiterung seiner Basis in Parlament und Öffentlichkeit gestartet hatte. Auch wenn zwischen Thiers und Heine nie detaillierte Dienste vereinbart wurden, so läßt sich doch nicht ernstlich bezweifeln, daß zwischen Heines journalistischer Position und Thiers' Pensionsbeschluß, der bezeichnender-

> Der Patriotismus des Franzosen besteht darin, daß sein Herz erwärmt wird, durch diese Wärme sich ausdehnt, sich erweitert, daß es nicht mehr bloß die nächsten Angehörigen, sondern ganz Frankreich, das ganze Land der Zivilisation, mit seiner Liebe umfaßt; der Patriotismus des Deutschen hingegen besteht darin, daß sein Herz enger wird, daß es sich zusammenzieht wie Leder in der Kälte, daß er das Fremdländische haßt, daß er nicht mehr Weltbürger, nicht mehr Europäer, sondern nur ein enger Teutscher sein will. ›Die Romantische Schule‹

weise nie schriftlich niedergelegt wurde, eine gewisse Beziehung bestanden hat. Es ist alles andere als ein Zufall, daß Heine in der ersten Aufstellung des Außenministeriums über die Verwendung der Geheimfondsgelder als »Publizist« und in der zweiten ausdrücklich als »Korrespondent der Augsburger Zeitung« verzeichnet ist. Wenn er sich auch nie zu Thiers' journalistischem Sprachrohr degradieren ließ und namentlich in der Beurteilung von dessen politischen Entscheidungen eine bemerkenswerte Unabhängigkeit bezeugte, so scheint doch die Verteidigung seiner staatsmännischen, die einzelnen politischen Akte überdauernden Qualitäten der Preis gewesen zu sein, den Heine als Gegenleistung für die Pension um so leichter zahlte, als er damit offenbar seinen eigenen Überzeugungen Ausdruck geben konnte.

Die französische Pension brachte Heine die Vorteile einer von ihm schon lange erstrebten Staatsstellung in Gestalt eines festen Gehalts, ohne ihm deren Nachteile in Form von Dienstverpflichtungen aufzubürden. Anders als die Rücksichten, die eine Professur in München oder ein Amt in Berlin, Wien oder Hamburg impliziert hätten, bedeuteten die politischen Konzessionen, die sie mit sich brachte, für ihn kein Opfer. Vor allem darf eine Beurteilung von Heines »Pensionsaffäre« nicht heutige Leistungsvorstellungen in die damaligen Verhältnisse projizieren. Mit dieser Gratifikation wurde nicht etwa eine laufend in Artikelform erbrachte Leistung honoriert, sondern ähnlich wie mit einem Orden ein einmal erworbenes Verdienst anerkannt. Heine hat in genauer Kenntnis dieses Sachverhalts den ihm so erwachsenen Spielraum in seinen Artikeln voll ausgeschöpft und brauchte darum, als er dieselben Artikel vierzehn Jahre später unter seinem Namen in Buchform veröffentlichte, an seinen früheren Äußerungen über Thiers kaum etwas zu retuschieren.

28   Le peuple brûle le thrône.
I. Arnout/V. Adam nach einer
Zeichnung von A. Godard, 1848 ▶

Die Weiterzahlung der Pension durch Thiers' Nachfolger Guizot belegt, daß derartige Gelder zwar von einzelnen politischen Führern in einem bestimmten historischen Kontext bewilligt wurden, die Bewilligung dann aber ein gewisses Eigengewicht erlangte, das auch eine Änderung dieses Kontextes überdauern konnte. Ein Fahnenwechsel läßt sich bei Heine nach Guizots Regierungsbildung im Oktober 1840 jedenfalls nicht feststellen. So können wir ihm recht geben, wenn er versicherte, Guizot in der ›Allgemeinen Zeitung‹ immer nur »mit unabhängiger Wahrheitsliebe« besprochen zu haben. Seine Artikel bestätigen diesen Sachverhalt zweifelsfrei. Seit dem 29. Oktober 1840 war er durch die Geldzuwendungen des Außenministeriums nur noch insoweit gebunden, als er mit einer allzu beißenden Kritik der französischen Zustände die Streichung der Pension und möglicherweise die Ausweisung aus Paris riskiert hätte, worauf er selbst offen hinwies.

Die Februarrevolution 1848 setzte dem Regime Louis-Philippes und auch Heines Pension ein plötzliches Ende. Die Versuche des Dichters, von den neuen republikanischen Machthabern die Weiterzahlung der Rente zu erreichen und vor der Öffentlichkeit die Unschuld der geheimen Unterstützung im nachhinein dadurch zu beweisen, daß sie die Revolution unbeschadet überstanden habe, schlugen im Frühjahr 1848 fehl. Auch nach den Junitagen, als sich die neue bürgerliche Führung konsolidiert hatte, war seinem Bestreben kein

29 Das Café des Ambassadeurs an den Champs-Elysées. Kolorierte Lithographie von Georges Muller nach Provost

Erfolg beschieden. So blieb die französische Pension ein Intermezzo von zwar beachtlichem Gewicht – Heine erhielt insgesamt 37 600 Francs –, das aber doch in entscheidender Weise zeitlich begrenzt war: nicht einmal volle acht Jahre kam er in ihren Genuß.

Mit schätzungsweise 850 000 Einwohnern war Paris zu Beginn des dritten Jahrzehnts des 19. Jahrhunderts die nach London zweitgrößte Stadt der Welt. Was Heine an ihr besonders faszinierte, war nicht der äußere Glanz, sondern die heitere Lebensart, der Kontrast zur deutschen Tiefe und deutschen Misere, war die Spannung zwischen einer scheinbar harmlosen, nach außen gekehrten Alltagswelt und der weltbewegenden geschichtlichen Dimension der Stadt. Diese Spannung machte Paris wie keinen anderen Ort zur Verkörperung des »Lebens«, das, wie er einmal formulierte, »weder Zweck noch Mittel« in den Händen geschichtsphilosophischer Weltver-

Berühmte Persönlichkeiten, die Heine in Paris kennenlernte:	
Hector Berlioz	Franz Liszt
Michel Chevalier	Felix Mendelssohn-Bartholdy
Frédéric Chopin	Jules Michelet
Alexandre Dumas	Marie-Joseph Motier de Lafayette
Théophile Gautier	François-Auguste Migret
Alexander von Humboldt	Edgar Quinet
Pierre Leroux	Gioacchino Rossini
	George Sand
	Adolphe Thiers

besserer oder Weltverächter sei, sondern ein »Recht«, das es zuallererst zu verfechten gelte. »Der Zweck des Lebens« sei »das Leben selbst«, lesen wir in einem Brief des Jahres 1838. Damit wird auf ganz moderne Weise die Gegenwart in eine Position gesetzt, an der aufklärerische Heilsversprechen wie auch die Berufung auf gewachsene Traditionen und geschichtliche Grundlagen zu messen sind. Weder darf die Vergangenheit, etwa durch die Beharrungskraft überkommener politischer und gesellschaftlicher Strukturen, die Gegenwart beherrschen, noch darf der Genuß der Gegenwart zugunsten einer fernen Zukunft aufgeopfert oder quasi verschoben werden.

Paris bedeutete für Heine des weiteren die Erfahrung einer sich rapide entwickelnden Großstadt mit ihrem Kulturbetrieb, ihrer Beschleunigung des politischen Lebens und Erweiterung, aber auch Destabilisierung der Bewußtseinsinhalte, mit ihren aus Bevölkerungszuwachs und Industrialisierung resultierenden verschärften sozialen Spannungen wie auch den Reaktionen, mit denen Politik und Gesellschaft den neuen Herausforderungen Herr zu werden suchten. In Paris konnte man am ehesten nach dem Ausschau halten, was die

Saint-Simonismus
Der Sozialreformer Claude-Henri Comte de Saint-Simon (1760–1825) veröffentlichte zwischen 1808 und 1825 eine Reihe geschichtsphilosophischer und ökonomischer Schriften, in denen er seine Vorstellungen einer durchgreifenden Refom von Staat, Wirtschaft und Gesellschaft entwickelte. In der von ihm erstrebten industriellen Leistungsgesellschaft sollten die produktiven Kräfte der Gesellschaft das Gemeinwesen leiten und jeder nach seinem Beitrag für das Gemeinwohl entlohnt werden. Zur Harmonisierung der sozialen Beziehungen entwarf er ein »Neues Christentum«, das die ständige Verbesserung des Loses der »zahlreichsten und ärmsten Klasse« in moralischer, geistiger und physischer Hinsicht zum kategorischen Imperativ für die gesellschaftliche Elite erklärte. Der Staat sollte nach dem Willen Saint-Simons nur noch eine Ordnungsfunktion einnehmen. Ziel müsse die größtmögliche Ausnutzung der Produktivkräfte sein, um jedermann ein Leben in Wohlstand zu ermöglichen. Begabung und Leistung sollten über den Rang des einzelnen in der Gesellschaftshierarchie entscheiden.
Größte Publizität erhielten die sozialutopischen Lehren Saint-Simons erst nach seinem Tod, als sie von seinen Schülern St. Armand Bazard und Barthélemy Prosper Enfantin zusammengefaßt als ›Doctrine de Saint-Simon‹ (1829 / 1830) herausgegeben wurden.

30   Saint-Simoniste en Domquichotte, son compère Sancho Pansa en prédicateur.
Zeitgenössische Karikatur

Zukunft bereithielt, und dies betraf sowohl kollektive Strömungen wie »große Individualitäten«, derer diese Strömungen zur Realisierung ihrer Ideen bedurften. Gerade die Jahre
nach der Julirevolution waren in Frankreich entscheidend für
die Formierung einer demokratischen Opposition mit sozialem Akzent. Sozialtheorien wie der Saint-Simonismus, der
Fourierismus und der Neobabouvismus versuchten auf die
neuen sozialen Fragen zu antworten, die sich angesichts der
wirtschaftlichen Etablierung des Finanz- und Industriebür-
gertums, der Ausbildung des Manufakturwesens und der
sichtlichen Verarmung weiter Kreise des Handwerks auftra-
ten. Heine kam es dabei nicht nur auf die äußeren Ereignisse
an, sondern vor allem auf die geistigen, ideologischen Strö-

Der als Don Quixote maskierte
Saint-Simonist zielt mit seiner
Lanze gegen die (mit Ausnahme des
orange kolorierten Frankreich) von
Vorurteilen regierte Welt. Kleidung
und Bewaffnung sind mit bekannten
Parolen der Saint-Simonisten ver-
sehen. Im Schlepptau dieses Frei-
heitsritters, der noch mit jesuiti-

schen Teufelchen zu kämpfen hat,
fährt der beleibte Prediger Sancho
Pansa mit. Von seiner rollenden
Kanzel aus, auf der ein entsprechen-
des Fabelmotiv zu sehen ist, angelt
er nach Geld und Gemeineigentum,
womit er sich die Taschen voll-
stopft.

mungen, in denen er Motoren des gesellschaftlichen Fortschritts erblickte.

Schon während der letzten Jahre in Deutschland war Heine – besonders unter dem Einfluß des Berliner Freundeskreises – der Saint-Simonismus als eine der wichtigsten geistigen Neuerungen der Gegenwart erschienen. Als sozialer Theorie gab er ihr gegenüber den politischen Parteibildungen, die nur auf eine Änderung der politischen Machtverhältnisse hinzielten, entschieden den Vorzug, bot sie doch, indem sie das Interesse von den politischen auf die gesellschaftlichen Prozesse lenkte, einen Ausweg aus dem Revolutionstrauma von 1793/94. Was Heine an dieser Doktrin besonders interessierte, war zum einen ihr universalistischer Charakter, der alle Lebensbereiche umfaßte und dabei doch auf einer rationalistischen, den Geschichtsprozeß schon weitgehend als Klassenauseinandersetzung definierenden Geschichtstheorie aufbaute. Zum anderen konnte er sich mit der besonderen Betonung der »Rehabilitation des Fleisches« identifizieren, der Wiedereinsetzung körperlicher Bedürfnisse und Genüsse in ihre angestammten Rechte, wobei auch dieses Problem mit der sozialen Frage und dem technisch-industriellen Fortschritt verknüpft wurde: Die rasante Entwicklung von Industrie und Wissenschaft sollte durch geschickte staatliche Lenkung insbesondere den ärmeren Klassen zugute kommen, also das allgemeine gesellschaftliche Wohl und nicht die Interessen der »Geldmenschen« fördern, damit die »Ausbeutung des Menschen durch den Menschen« ein Ende habe.

Jahre hindurch lebte Heine den Winter über in Paris, im Sommer in Montmorency mit Theophile Gautier und Alphonse Royer, die, ebenso wie er, jeder mit einer Schönheit seiner Wahl in wilder Ehe lebten. (…) Wie war das schön und vergnügt, wenn sie zusammen im Café Montmartre aßen! (…) Man aß zwei Dutzend Austern mit Sauterne, die Flasche nur drei Franken, das Dutzend Austern sechzig Centimes, ein Kotelett à la Provençale, mit Knoblauch scharf gewürzt, Eisdessert, Käse, und danach Schluß! Welcher Übermut, welche Stimmung! Ein- oder zweimal nahm auch Balzac an einem solchen Essen mit dem nie fehlenden Kotelett à la Provençale teil – das Rezept dieses Gerichts kennen unsere heutigen großen Restaurants nicht mehr, ebensowenig wie Steinbutt mit Weinsauce, ein Lieblingsgang Heines und Gautiers. Bei großer Hitze trank man ein erfrischendes Gemisch aus Bier, Eis, Zitronensaft, viel Zucker und Orangen. Es schmeckt köstlich!

Alexandre Weill: ›Souvenirs intimes de Henri Heine‹, Paris 1883

In dem Vierteljahrhundert, das er in Paris verlebte, zog Heine ungewöhnlich oft um: Insgesamt sind sechzehn Wohnadressen bekannt. In keiner seiner Wohnungen blieb er länger als vier Jahre. Zuweilen hielt er es nicht länger als ein paar Monate aus, weil ihn irgendeine laute Nachbarschaft störte. Der Standort dieser Wohnungen entsprach seiner jeweiligen finanziellen Situation; seine Wohnungswechsel folgten jedoch auch einer gewissen topographischen Logik: Das von ihm ab 1836 bevorzugte Wohnviertel lag nördlich der großen Boulevards in dem zum Montmartre-Hügel ansteigenden Stadtteil, in jenem Dreieck, das heute die rue de Lafayette, der Boulevard de Magenta und die Grands Boulevards von dem Boulevard des Italiens bis zur Place de la République einschließen. Hier war er in unmittelbarer Nähe des alten Zentrums und doch gleichzeitig der mittelalterlichen Enge und Düsterkeit entrückt.

Von seinen verschiedenen Domizilen im Faubourg Montmartre aus konnte Heine zu Fuß bis ins Palais Royal hinuntergehen, das seine journalistische Informationsbörse war. Theater- und Konzertbesuche ließen sich relativ mühelos bewerkstelligen, da fast alles in günstiger Entfernung lag, Restaurationsmöglichkeiten gab es in Hülle und Fülle. In seiner Nachbarschaft lebten viele bedeutende Schriftsteller und

Heines Pariser Wohnungen

1831 Hôtel du Luxembourg, rue de Vaugirard 54
1832/33 rue de l'Echiquier 38
1833–1835 Hotel d'Espagne, rue des Petits Augustins 4
(heute rue Bonaparte)
1836 cité Bergère 3
1838 rue des Martyrs 23
1840/41 rue Bleue 25
1841–1846 rue du Faubourg Poissonnière 46 (heute Nr. 72), 4. Stock
1846/47 rue du Faubourg Poissonnière 41 (heute Nr. 65), 3. Stock
1847/48 rue de la Victoire 21
Von Anfang Februar bis Mai 1848 hielt Heine sich im Sanatorium seines Freundes Faultrier in der rue de Lourcine 84 auf (heute: rue Broca); als offizielle Adresse bis zum September 1848 ist jedoch rue de Berlin 9 angegeben (heute: rue de Liège). Den Sommer verbrachte er in Passy, grande rue 64 (heute: rue de Passy).
1848–1854 rue d'Amsterdam 50 (heute Nr. 54). 1854 Batignolles, grande rue 51 (heute zu Paris gehörend, avenue de Clichy), dann rue Matignon (heute avenue Matignon, Nr. 3)

Künstler, darunter Théophile
Gautier, George Sand, Frédéric Chopin, Franz Liszt,
Alfred de Musset, Hector Berlioz, Eugène Delacroix und
Théodore Géricault. Nicht
weit war es zu den Stadtpalais der Bankiers Fould und
zu Rothschild in der rue Laf-
fitte, zum Viertel der Prostituierten und zur Chaussée
d'Antin, die Balzac als Hort
des neureichen Bürgertums
beschrieb. Wie sehr Heine das
Viertel als ganzes liebte, geht

aus seinem testamentarischen Wunsch hervor, auf dem Fried-
hof Montmartre begraben zu werden.

Die vielfach bekundete Nähe zum einfachen Mann auf der
Straße, zum Pariser »Volk«, zeigt auch die unbürgerliche An-
spruchslosigkeit von Heines Lebensstil. Denn obwohl er in einem eher gehobenen Viertel lebte, waren die Wohnungen, die
er dort bezog, relativ klein und bescheiden. Drei bis vier Zimmer, meist im billigeren Hinterhaus und eher in den oberen
Stockwerken. Keine Spur von bürgerlicher Repräsentation,
kaum eigene Möbel, eher etwas von einem permanenten Ho-
teldasein. Es war eine Lebensführung, die der lockeren Urba-
nität des echten Großstädters entsprach, der sich auf diesem
Pflaster wirklich zuhause fühlte, weil er sich in dem räumli-
chen und sozialen Labyrinth problemlos zurechtfand.

Der Umzug nach Paris änderte zunächst prinzipiell nichts an
der Grundverteilung von Heines Einnahmen. Im Gegenteil:

31 Heines Wohnung in der rue du
Faubourg Poisonnière Nr. 65

Da seine Ausgaben in Paris höher lagen als in Hamburg,
reichte auch das absolute Anwachsen seiner literarischen Einnahmen nicht hin, deren proportionalen Anteil an seinem
Budget zu erhöhen, der im Durchschnitt bei fünfunddreißig
Prozent lag. Obwohl er innerhalb weniger Jahre vom ho-
norarlos abgefundenen literarischen Debütanten zu einem
der bestbezahlten Schriftsteller deutscher Sprache avancierte,
war er selbst bei Einkünften von durchschnittlich 4000 Francs
im Jahr ohne zusätzliche Unterstützung weit davon entfernt,
seine Bedürfnisse auch nur halbwegs durch schriftstellerische
Arbeit decken zu können. Wenn es ihm, im Unterschied zur
Mehrheit seiner Landsleute, die sich hier als Handwerker und
»Ouvriers« zu kümmerlichen Löhnen verdingen mußten, in
Paris dennoch finanziell verhältnismäßig gut ging, so lag das
an der großzügigen Unterstützung durch seinen Onkel, die ihm
einen relativ aufwendigen Lebensstil ermöglichte. Die Erbschaft von 1844 mitgerechnet, waren es über 170 000 Francs,
die dem Dichter zwischen 1820 und 1856 aus dem Säckel der
Hamburger Bankiersfamilie zuflossen – ein gutes Stück mehr
als die Summe, die wir für Heines aus literarischer Tätigkeit
entstandene Einnahmen berechnen können: Seine Schriftstel-
lerhonorare und die Zahlungen der Familie standen etwa im
Verhältnis 5 : 6.

Im Herbst 1836 traten dann ernsthafte Spannungen auf, in
deren Verlauf Heine, von der »Schnödigkeit« des Millionärs
enttäuscht, die Äußerung entschlüpfte, das Beste an dem Onkel sei, daß er seinen (Heines) Namen trage. Sie führte zu einer Unterbrechung der Zahlungen und quasi von einem Tag
auf den andern zu einer dramatischen finanziellen Situation.
Den Ausweg aus der Misere eröffnete im April 1837 eine Vereinbarung mit seinem Verleger Julius Campe, dem Heine für
die Summe von 20 000 Francs die Rechte an einer Gesamtaus-

32 Sitzplatzreservierung Heines
für eine Fahrt von Boulogne-sur-
Mer nach Paris am 11. September
1842

33   Boulogne. Stahlstich von Th. Heawood, um 1850

gabe seiner Werke übertrug. Die ihm aus diesem Vertrag zufließenden Gelder, deren Auszahlung über dreieinhalb Jahre
gestaffelt wurde, gaben seinen Finanzen bis auf weiteres wieder eine gewisse Basis und sicherten zum ersten Mal den literarischen Einnahmen ein Übergewicht über die außerlitera-
rischen. Für 20 000 Francs erwarb Campe nun das Recht, in
einem festgelegten Zeitraum von elf Jahren Heines ›Gesam-
melte Werke‹ in unbegrenzter Auflagenhöhe auf den Markt
zu bringen. Außerdem gestand Heine seinem Verleger zu, seine bisherigen Einzelschriften in beliebiger Höhe und Zahl
neu aufzulegen, ohne dafür neues Honorar begleichen zu
müssen.

Heines Sommeraufenthalte
August / September 1831 Boulogne-sur-Mer; Juli-September 1832 Le Havre,
Dieppe, Eu, Rouen; August-Oktober 1833 Boulogne-sur-Mer; Juli /
August 1834 Boulogne-sur-Mer; September 1834 Versailles, St. Cloud;
Juni / Juli 1835 La Jonchère (zwischen Rueil und St. Germain), anschließend
bis Dezember Boulogne-sur-Mer; Mai und Juli 1836 Le Coudray (bei
Le Plessi, chemin de Fontainebleau, Dép. Seine-et-Marne); Oktober /
November 1836 Marseille, Hyères, Aix, Avignon und Lyon; Mai / Juni 1837
Granville; Juli 1837 Rennes; August / September 1837 Le Havre; August /
September 1838 Granville; Juni-August 1839 Granville; August / Septem-
ber 1840 Bretagne; Juni / Juli 1841 Cauterets (Pyrenäen); August-Septem-
ber 1842 Boulogne-sur-Mer; Juli-August 1843 Trouville; Juni-Oktober 1845
Montmorency; Juni-September 1846 Bagnères-de-Bigorre, Barèges und
Tarbes (Pyrenäen); Mai-September 1847 Montmorency

Als es Heine im Herbst 1838 nach äußerst schwierigen Verhandlungen und mit Unterstützung des Komponisten Giacomo Meyerbeer (Jakob Meyer Beer) schließlich doch noch gelang, von seinem Onkel eine feste Zusage über einen jährlichen, ab Januar 1839 zu entrichtenden Unterhaltszuschuß von 4000 Francs zu erhalten, der 1841 auf 4800 Francs erhöht wurde, sah er sich plötzlich als Angehöriger einer anderen sozialen Kategorie: Er war nun einem von seinen Renteneinkünften lebenden Pensionär gleichgestellt, und bezeichnenderweise gab er 1852 als Mieter in der rue d'Amsterdam seinen Beruf genau so, nämlich mit »rentier«, an. Freilich war damit seinem Budget bei seiner Lebensweise nur eine gewisse Basis gegeben, auf der er weiter bauen mußte.

Mangelte es einem halbwegs geschickten Schriftsteller während der dreißiger Jahre in der französischen Hauptstadt an Geld, wandte sich sein Blick gleichsam natürlich zur Bühne. Wurden an den Pariser Theaterkassen nicht Abend für Abend Zehntausende von Francs umgesetzt? In der Tat war das Theater eine Art Staat im Literaturstaate, wo nicht nur die bekanntesten Autoren in Saus und Braus lebten, sondern auch weniger renommierte Schriftsteller, Schauspieler, Fachjournalisten, Ausstattungsspezialisten, Claqueure ihr Auskommen fanden. Was die Funktionsgesetze des Theaterbetriebs betraf,

war Heine freilich abgeklärt und illusionsfrei. Da er kaum persönliche Beziehungen zu den tonangebenden Kreisen der französischen Bühne unterhielt, fehlte die elementare Voraussetzung zum Erfolg. Erst 1846 gelang ihm ein Einbruch in die »Bretterwelt«,

34 Umschlagillustration von Hauenschild zu ›Der Doktor Faust‹, Hamburg 1851

35 Das Gedicht ›Die Grenadiere‹,
das in Bonn entstand, wurde mehrfach vertont.

à Mʳ Henri Heine

LES DEUX GRENADIERS
[Die beiden Grenadiere]

Musik de

RICHARD WAGNER

allerdings nicht auf der
Sprechbühne, sondern nur auf
einem Nebensektor, dem Ballett, und bezeichnenderweise
nicht in Paris, sondern in der
englischen Hauptstadt, wo
Heine ein unbeschriebenes
Blatt war: Seine durch Théophile Gautier vermittelte Bekanntschaft mit Benjamin
Lumley, dem Direktor des
Königlichen Theaters in London, führte zunächst zu einer
Vereinbarung über den Szenenentwurf der ›Göttinn Diana‹,
deren Rechte Lumley für 2000 Francs erwarb, und danach zu
einer Art Auftragsarbeit, dem ›Faust‹-Ballett, dessen Auf-
führungsrechte für Großbritannien und Irland gegen ein Honorar von 6000 Francs an Lumleys Theater gingen. In beiden
Fällen war die Operation für Heine äußerst lukrativ, zumal
wenn man in Rechnung stellt, daß das Londoner Theater von
seinen Rechten gar keinen Gebrauch machte und eine Aufführung der beiden Werke unterblieb.

Sieht man von diesen außergewöhnlichen Abschlüssen ab,
so muß Heines Versuch, sich einen Zugang zu den »Suppen-
töpfen« der Bühne zu erschließen, als gescheitert betrachtet
werden. Auch nach seinem Tod war den Bemühungen um ein
›Faust‹-Ballett oder eine ›Ratcliff‹-Oper kaum Erfolg beschieden. Gewinnbringender erwiesen sich die Adaptationen von
Heine-Stoffen wie Gautiers ›Giselle‹-Ballett oder Wagners

Théophile Gautier (1811–1872).
Der Schriftsteller und Kritiker, ein
früher Verfechter des Autonomie-
anspruchs der Kunst, war seit den
1830er Jahren mit Heine befreundet.
Neben Lyrik (›Émaux et Camées‹,
1852) und Romanen (›Mademoiselle
de Maupin‹, 1835) verfaßte er u.a.
das Libretto zu dem Ballett ›Giselle

ou les Willis‹ nach einem Heine-
Stoff aus den ›Elementargeistern‹.

36 Giacomo Meyerbeer (1791–1864). Lithographie

Oper ›Der fliegende Holländer‹. Wenigstens mittelbar profitierten die Nachbarkünste also von Heines Inventionen. Fast unüberschaubar ist die Zahl der Vertonungen seiner Gedichte: Günter Metzner zählte bis 1980 an die 8000 Bearbeitungen durch rund 3000 Tonkünstler meist aus der romantischen Epoche. Fast überflüssig zu erwähnen, daß sich Heine auch für derlei Vertonungen nie honoriert sah. Allein ›Du bist wie eine Blume‹ reizte bis heute weit über 300 Komponisten, es in Töne zu setzen, unter ihnen Johannes Brahms, Anton Bruckner, Ferruccio Busoni, Franz Liszt, Sergej Rachmaninow, Robert Schumann und Hugo Wolf. Von Friedrich Silchers ›Loreley‹ gibt es über 100 Instrumentalbearbeitungen und Parodien; Mendelssohns ›Auf Flügeln des Gesanges‹ wurde 1942 sogar für das Blasorchester der Heilsarmee eingerichtet.

Eine weitere Geldquelle Heines waren seine Beziehungen zur (außerfamiliären) Hochfinanz. Insbesondere nach 1848 ließen ihm die Rothschilds und einmal auch deren große Konkurrenten, die Brüder Pereire, Gelder zukommen oder beteiligten ihn an gewinnreichen Aktienemissionen. Die Beträge, um die es bei derartigen Zuschüssen ging, lagen meist zwischen 1000 und 4000 Francs, und insgesamt darf man die von Heine auf diese Weise einkassierte Summe auf mindestens 15 000 Francs schätzen – Geld, das nicht einmal an irgendwelche Gegendienste gebunden war.

Giacomo Meyerbeer (eigentlich Jakob Liebmann Meyer Beer, 1791–1864). Der bei Berlin geborene Bankierssohn, Pianist und Komponist gilt als einer der wichtigsten Vertreter der französischen Großen Oper im 19. Jahrhundert. Durch die Verbindung konventioneller und moderner, feierlich-erhabener und romantisch-trivialer Elemente und die Mischung des italienischen, französischen und deutschen Opernstils gelangte er zu einer universalistischen Musiksprache. Unter anderem schrieb Meyerbeer die Opern ›Robert le Diable‹ (1831), ›Les Huguenots‹ (1836) und ›Le Prophète‹ (1849).

Eine gewisse Sonderrolle unter Heines Mäzenen spielt der Komponist Meyerbeer, den Heine einem Bonmot zufolge gefragt haben soll, warum er denn eigentlich komponiere, wo er dies bei seinem Geldvermögen doch gar nicht nötig habe. Heine war ein alter Freund der Bankiersfamilie Beer, und vor allem mit Meyerbeers Mutter Amalie Beer verband ihn eine langjährige Freundschaft. Bei der besonderen Aufgeschlossenheit der Beers für kulturelle Werte lag es durchaus nahe, daß der reiche Bankierssproß dem Dichter finanziell unter die Arme griff, wenn in dessen Kasse gerade Ebbe herrschte.

Alle diese Bemühungen zeigen Heines bemerkenswerte Findigkeit im Aufspüren von Geldquellen. Die Erfolge, die er dabei erzielte, waren alles in allem beachtlich. Doch ein Ende der drängenden finanziellen Sorgen war nie in Sicht. Die Februarrevolte 1848, die eine allgemeine Finanzkrise heraufbeschwor, sowie der Ausbruch seiner schweren, kostenintensiven Krankheit verhinderten eine definitive Konsolidierung seiner Finanzen.

Die Integration in den französischen Alltag bescherte Heine zahlreiche neue Frauenbekanntschaften. Hohe Gönnerinnen wie Betty Rothschild zählten dazu, vornehme Salongäste wie Caroline Jaubert, berühmte Schriftstellerinnen wie George Sand, große Künstlerinnen wie Elisa Rachel, Damen der Gesellschaft ebenso wie Figuren der Halbwelt. Sexualität und handfeste Erotik erlebte Heine indessen fast ausschließlich im Milieu der Grisetten und Prostituierten. Es waren insbesondere solche Frauengestalten der Straße, die ihm Stoff boten zu

Töricht ist es, wenn man einem Liebeskranken anrät, den Anblick seiner Schönen zu fliehen und sich in der Einsamkeit, an der Brust der Natur, Genesung zu suchen. Ach, an dieser grünen Brust wird er nur Langeweile finden, und es wäre ratsamer, daß er, wenn nicht alle seine Energien erloschen, an ganz andren und sehr weißen Brüsten wo nicht Ruhe, sondern heilsame Unruhe suchte, denn das wirksamste Gegengift gegen die Weiber sind die Weiber. Freilich hieße das, den Satan durch Beelzebub bannen, und dann ist in solchem Falle die Medizin oft noch verderblicher als die Krankheit – aber es ist immer eine Chance, und in trostlosen Liebeszuständen ist der Wechsel der Inamorata gewiß das Ratsamste, und mein Vater dürfte auch hier mit Recht sagen: Jetzt muß man eine neues Fäßchen anstechen.

›Memoiren‹

provokativen Gedichten über Liebeserfahrungen in der Großstadt. Von diesen Gedichten sammelte er zunächst 21 im Zyklus ›Verschiedene‹, den er vorab in einer Berliner Zeitschrift veröffentlichte. Schon der Titel bedeutete eine Provokation, signalisierte er doch nivellierende Polygamie: Unter den Namen Seraphine, Clarisse, Hortense, Angelique und Diana faßte Heine hier kleinere Gruppen von Gedichten zusammen, in denen er durch kunstvolle Zusammenstellung knapp typisierte Liebeskonstellationen entwarf.

Von der Kritik wurden die Gedichte oftmals als Portraits mißdeutet, für die angeblich verschiedene »Pariser Boulevardschönheiten« Modell gestanden hätten; die Namen seien »Namen von Dirnen«. Mit den ›Verschiedenen‹, so hieß es, offenbare sich Heine als »Lüstling«, der seine unmoralische Lebensführung dokumentiere. Solchermaßen wurde Fiktion mit Empirie verwechselt, Sublimierung mit Wirklichkeitserfahrung. Überdies mischten sich auch noch chauvinistische Spitzen in die Debatte: Man betonte die Herkunft dieser Gedichte und warnte vor dem Übergreifen derartiger »französischer Zustände« auf Deutschland. Paris galt als »Hauptstadt der Frivolität« und Heine als Apostel einer »Religion des Sensualismus«, womit gleichzeitig sein Eintreten für den Saint-Simonismus angesprochen war.

Über Heines reale Liebesbeziehungen ist nur wenig bekannt, obgleich er gegenüber vertrauten Freunden keinen Hehl aus seinem Interesse an buchbarer Sexualität machte.

37 Augustine (genannt Mathilde)
Mirat (1815–1883), seit 1841 Ehefrau
Heinrich Heines

Zur Lebensgefährtin erkor er sich ein junges Bauernmädchen, das es aus der Provinz nach Paris verschlagen hatte, auf den Namen Augustine Crescence Mirat getauft war und ebenfalls dem Umkreis der Demimonde zuzurechnen ist. Weil Heine weder der eine noch der andere Vorname zusagte, und zweifellos auch, um ihre anrüchige Vorgeschichte zu tilgen, belegte er sie umgehend mit einem eigenen Namen: Mathilde. Augustine/Mathilde war ein echtes Kind des Agrarproletariats. Geboren am 15. März 1815 im Weiler Le Vinot de la Trétoire bei Meaux, soll sie im Alter von 15 oder 16 Jahren nach Paris gekommen sein, wo sie, so heißt es, bei einer ihrer Tanten als Schuhverkäuferin arbeitete, und als solche soll Heine sie kennengelernt haben. Diese Landpomeranze war es, die – nach der Hamburger Cousine – zum zweitenmal bei Heine die »große Glut« entfachte – sehr zum Nachteil des Liebesdichters übrigens, denn Heines Produktion an erotischer Lyrik ging seitdem stark zurück. Er wandte sich nun wieder anderen Themen zu. »Sonderbar, die glückliche Liebe schreibt gar keine Verse«, lautete seine Erkenntnis aus dem Jahr 1838.

»Ohne jegliche Bildung, ja fast ohne Erziehung« soll Mathilde gewesen sein, so ein Journalist aus Heines Umkreis. Ihr Hauptinteresse bestand darin, sich von Heine ausführen zu lassen, mit ihm in kostbarer Kleidung zu promenieren und Theateraufführungen und Konzerte zu besuchen. Daran vermochte auch der Ausbruch von Heines schwerer Krankheit nichts zu ändern: Er wußte, daß die lebenslustige Enddreißigerin an seinem Krankenlager »einen harten Stand« hatte und ließ ihr deshalb mit Ausnahme der finanziellen Selbständigkeit alle Freiheiten. Alfred Meissner, der Mathilde 1847 ken-

Es hat nämlich ganz seine Richtigkeit mit jener Angabe von Zeit und Ort, ich war in der Tat an dem genannten Tage in der genannten Kirche, die sogar einst eine Jesuitenkirche gewesen, nämlich Saint-Sulpice, und ich habe mich dort einem religiösen Akte unterzogen – Aber dieser Akt war keine gehässige Abjuration, sondern eine sehr unschuldige Konjugation: ich ließ nämlich dort meine Ehe mit meiner Gattin, nach der Ziviltrauung, auch kirchlich einsegnen, weil meine Gattin, von erzkatholischer Familie, ohne solche Zeremonie sich nicht gottgefällig genug verheiratet geglaubt hätte. Und ich wollte um keinen Preis bei diesem teuren Wesen in den Anschauungen der angebornen Religion eine Beunruhigung oder Störnis verursachen.

›Geständnisse‹, 1854

38 Heine und Mathilde. Gemälde von Ernst Benedikt Kietz, Paris 1851

nenlernte, erzählt: »Mit ihrem Papagei plaudern, mit Pauli-
nen, ihrer Gesellschafterin, täglich zu Wagen eine Promenade
in den Champs elisées machen und dann erzählen was sie gesehn – das war ihr Leben«.

Heine tat nicht wenig, um den Standes- und Bildungsunter-
schied abzumildern, was ihn angeblich insgesamt 10 000 Francs
kostete. Doch trotz aller Zivilisierungs- und Zähmungsversu-
che wurde aus ihr nie die Dame des Hauses, die Heine sich –
zumindest zeitweise – wünschte. Er mußte wissen, daß bei
diesem immensen geistigen Abstand immer nur ein Bruchteil

Im Fall Sie sich nicht auf Pistolen mit mir schlagen wollen, erkläre ich Sie
nicht bloß für einen elenden Lügner, sondern auch für eine feige Mem-
me.
(...) Es liegt mir nicht so sehr ob, Satisfakzion zu nehmen, als vielmehr
meinen Landsleuten durch die That zu zeigen, daß die schmähligen Verläumdungen die Sie durch deutsche Blätter verbreiten ließen jeder Wahr-
scheinlichkeit entbehren. Ich wollte Sie züchtigen für die Unverschämt-
heit, womit Sie in meiner Abwesenheit die Lüge herumbrachten, Sie
hätten mich am hellen Tag mit Prügel, Schlägen, Ohrfeigen, kurz mit den
idealsten Insulten maltraitiert, auf der rue Richelieu, in Gegenwart un-
zähliger Augenzeugen, die sich an diesem Schauspiel ergötzt hätten,
während ich, das arme Lamm, mich ruhig schlagen ließ, mich nicht im
mindesten zur Wehr setzte und aus Furcht vor Ihrem Heldenzorn und

von Kommunikation möglich war. Auf dem künstlerisch-
geistigen Sektor, der ihn wirklich interessierte, gab es keine
Gemeinsamkeiten. Doch vielleicht brachte Mathilde – neben
ihrer erotischen Faszination – gerade durch ihr »unvernünfti-
ges«, anti-intellektuelles Wesen die notwendige vitale Grund-
spannung in die Beziehung, derer Heine bedurfte, um produktiv tätig sein zu können. Eine geistig ebenbürtige Ge-
fährtin wäre dem Autor auf Dauer vielleicht auf die Nerven
gegangen – und umgekehrt. Heine war offenbar unfähig, den
Typus der klugen, gesellschaftlich höhergestellten, »morali-
schen« Frau zu lieben, begehrte ihn nicht oder konnte mit keiner Gegenliebe rechnen und hatte statt dessen eine Schwäche
für ihn erniedrigende Liebesbeziehungen, die ihn freilich in
gewisser Weise auch wieder in seiner geistigen und sozialen
Überlegenheit bestätigten.

Seit 1836 lebte das Paar zusammen. Trotz ihrer Grundver-
schiedenheit, trotz dauernder Verlustängste, trotz der immensen sozialen und psychischen Schwierigkeiten versuchten beide immer wieder, sich zusammenzuraufen, ohne daß es ihnen
je gelang, ihre Beziehung zu normalisieren. Weder Mathildes
Ungestüm noch ihr Talent, Heines Eifersucht anzustacheln,
verlor sich mit den Jahren, ebensowenig auch Heines Lei-
densfähigkeit in dieser Hinsicht.

Im Sommer 1841, einige Tage vor einem Pistolenduell, verwandelte Heine seine »wilde Ehe in eine zahme«. Ursache
hierfür waren beleidigende Äußerungen Heines über Jeanette
Wohl, Gattin des Kaufmanns Salomon Strauß in Paris und
ehemalige Frankfurter Freundin Ludwig Börnes, die er 1840

Ihren deutschen Myrmidonen unverzüglich Paris verließ! Die Lüge war
so plump, so absurd, daß ich mich damit begnügte Ihnen in deutschen
Blättern, mit Ausdrücken der höchsten Verachtung, ein Dementi zu geben und Sie als den einzigen Autor dieses Märchens zu bezeichnen. (…)

Grüßen Sie Ihre Frau Gemalin, die ich wahrhaftig nicht so stark belei-
digt haben kann wie Sie behaupten. Ich habe nemlich nie gesagt daß sie
dem Greisenalter nahe stehe, wie jüngst einer ihrer ungeschickten Ver-
theidiger sagte, mit welchem Sie sich auf Säbeln schlagen sollten!

Ich wiederhole alle diese Beleidigungen. Stünden mir die Schimpfwör-
ter deutscher Grobheit so reichlich zu Gebot wie Ihren Freunden, ich
würde Ihnen ganze Mistkarren davon auf den Hals schütten, bis Sie sich
mit mir schießen.

An Salomon Strauß, 14. August 1841

in seiner ›Denkschrift‹ über Börne veröffentlicht hatte. Am 14.
Juni 1841, fast ein Jahr nach Erscheinen des Buchs, war er von
Strauß, den er in seinem Buch mit einem »gehörnten Esel«
verglichen hatte, auf offener Straße zur Rede gestellt worden.
Das Duell fand schließlich am 7. September 1841 im Wald von
Saint-Germain statt; Heine erlitt einen Streifschuß an der Hüf-
te. Zuvor hatte er sich, am 31. August kirchlich und einen Tag
später standesamtlich, mit Mathilde trauen lassen. Wie er
selbst erklärte, lag ihm daran, vor dem ungewissen Ausgang
der Auseinandersetzung »Mathilde's Posizion in der Welt zu
sichern«, das heißt, ihr im Unglücksfall sein Hab und Gut
hinterlassen zu können und sie als Mitglied des Familienclans
zu legitimieren.

Der Lebensstil des Ehepaares entsprach dem des gehobenen
bürgerlichen Mittelstandes. Einzelnen überdurchschnittlich hohen Ausgaben wie denen für Reisen, Badekuren und diverse
Freizeitbeschäftigungen stand relative Bescheidenheit in allem, was äußere Repräsentation betraf, gegenüber. Als völlig
unbürgerlich ist die Tatsache zu werten, daß Heine bis kurz
vor seinem Tod kaum an eine echte Vermögensbildung dachte. Die Einstufung in den gehobenen Mittelstand darf freilich
nicht vergessen machen, daß diese Schicht damals entgegen
ihrem Namen äußerst dünn war. Noch zwischen 1880 und
1890, nach der ersten großen Phase wirtschaftlicher Bereiche-
rung des Bürgertums, lag das Einkommen von nur fünf Prozent aller Haushalte in Frankreich über 5000 Francs. Kein Wun-
der, daß Heine bei den meisten in Paris lebenden Deutschen
für betucht, ja für reich galt.

»Sie drucken's ja doch nicht!«

Die Übersiedlung nach Paris im Mai 1831 bedeutete für Heine in mehr als einer Hinsicht eine Zäsur. Neben dem biographischen Neubeginn war es auch ein Neuanfang für den Schriftsteller. Der Schwerpunkt seiner literarischen Arbeit verlagerte sich auf journalistische und literarische Prosa. Sein Hauptinteresse galt nicht mehr der Lyrik. »Es will mich bedünken, als sey in schönen Versen allzuviel gelogen worden«, erklärte er 1837 in der ›Vorrede‹ zur zweiten Auflage des ›Buchs der Lieder‹.

In der französischen Hauptstadt nahmen seine Vorstellungen von Funktion und Praxis der Publizistik scharfe Konturen an. Die Voraussetzungen dazu boten zum einen die Struktur und der Entwicklungsstand des französischen Pressewesens und zum anderen das Informationsnetz, das die deutsche Presse damals in Paris ausgelegt hatte, um politisches und kulturelles Zeitgeschehen nach Deutschland zu vermitteln. Aufgrund seiner raschen Integration in die tonangebenden literarischen Kreise und angesichts der relativ günstigen Marktchancen für deutsche Kultur und Wissenschaft in Paris bot sich Heine die Aussicht, für die Vermittlung Deutschlands an das französische Publikum aktiv zu werden. Daraus entstanden Projekte wie die Zeitschrift ›Europe littéraire‹, an deren Genese Heine entscheidenden Anteil nahm und die ihrerseits für Heines Deutschlandschriften der dreißiger Jahre Pate stand.

Gegenseitige Aufklärung der angeblichen »Erbfeinde« war Heines Hauptanliegen als politischer Publizist. Über seine

Für die beiden Nachbarvölker ist nichts wichtiger, als sich zu kennen. Irrtümer können hier die blutigsten Folgen haben.
Entwurf eines Artikels über das Junge Deutschland

friedenstiftende »Mission« als Vermittler zwischen Deutschland und Frankreich resümierte er 1840: »Alles was ich seit
zehn Jahren über Frankreich schrieb, sey es in deutschen
Journalen oder in besonderen Büchern, hatte nur einen
Zweck, nemlich gewissen perfiden Berichterstattern entgegenzuwirken die, bezahlt von den Feinden des französischen
Volks, unseren Deutschen alles was sich hier ereignet, die
Menschen und die Dinge, im gehäßigsten Lichte zeigen.« Getragen von dem Anspruch einer photographischen »Zeitgeschichtsschreibung«, die der künftigen Historiographie als
empirisches Anschauungsmaterial dienen sollte, versuchte er
mit seinen Artikeln über französische Politik und Pariser Kul-
turleben dem deutschen Publikum seine Beobachtungen aus
der Hauptstadt zu vermitteln. Weil er selbst dem sprödesten
Stoff ein Feuerwerk amüsanter Einfälle abzuringen wußte, gerieten seine Frankreich-Berichte zu Bravourstücken eines
durch und durch bewegten Geistes, der neben gründlichen
Fachkenntnissen ein tiefes Verständnis für die politischen, religiösen und sozialen Strömungen der Gegenwart bekundet
und Bilder von visionärer Kraft entworfen hat.

Die französische Thematik schloß indessen aktuelle
Deutschland-Bezüge mit ein, die Heine – etwa in der Vorrede
zu den ›Französischen Zuständen‹ vom Juli 1833 mit ihrem
Frontalangriff auf Preußen – noch erheblich verschärfte. Mit
Recht fürchtete er, daß ihm dies »vielleicht auf immer die
Rückkehr nach Deutschland« versperren könnte.

Im großen und ganzen lassen sich zwei Grundformen von
Heines journalistischer Praxis feststellen. Die eine tendierte
zum Großessay und war meist für Zeitschriften bestimmt,
wie die Arbeiten über die Gemäldeausstellung im Louvre, zur
Geschichte der Religion und Philosophie in Deutschland,
über neuere deutsche Literatur und über das französische

Laßt uns die Franzosen preisen!
Sie sorgten für die zwei größten
Bedürfnisse der menschlichen Ge-
sellschaft, für gutes Essen und
bürgerliche Gleichheit.
  ›Reise von München nach Genua‹

Theater. Das zweite Modell schloß enger an eigentliche journalistische Traditionen an. Es umfaßt die politische und auch
kulturelle Korrespondenz aus Paris für Tageszeitungen, überwiegend für die Augsburger ›Allgemeine Zeitung‹. Diese Be-
richterstattung gliedert sich in zwei Etappen. Eine erste Serie
von 1831 und 1832 erschien im Dezember 1832 als Buch unter
dem Titel ›Französische Zustände‹. Die zweite Artikelserie,
von denen die meisten später Aufnahme in die beiden ›Lutezia‹-Bände von 1854 fanden, umfaßt die Jahre 1840 bis 1844,
mit einigen Ausläufern, die bis ins Revolutionsjahr 1848 reichen. Voraus ging zwischen Oktober und November 1831 eine Folge von Korrespondenzen über die jüngste »Gemäldeausstellung in Paris« für das Stuttgarter ›Morgenblatt‹. Für
diese sowohl politische als auch feuilletonistische Publizistik
setzte Heine mit großem Erfolg den seit den ›Briefen aus Berlin‹ entwickelten Prosastil ein.

Vergleicht man Inhalt und Form von Heines journalistisch-
publizistischer Arbeit, so läßt sich in den Berichten der vierziger
Jahre einerseits zunehmende Sachkenntnis und andererseits
eine Verfeinerung des literarisch-rhetorischen Instrumentari-
ums gegenüber den Korrespondenzen der dreißiger Jahre be-
obachten. Diese Artikel gelten mit Recht als die politisch dif-
ferenziertesten Texte Heines. Sie zeichnen sich ferner dadurch
aus, daß sich in ihnen Selbst-, Redaktions-
und amtliche Zensur überlagern. Dabei kam es immer wieder vor, daß
Heine den Schreibprozeß vorzei-
tig abbrach, gewissermaßen das
Handtuch warf und vor der
Allgewalt der Zensur kapitu-
lierte. »Sie drucken's ja doch
nicht!«, schrieb er einmal an

39 Preußen, das unter seiner
Pickelhaube alle Deutschen be-
gräbt. Lithographie, 1848

den Rand einer Passage, von der er wußte, daß sie nicht die Zustimmung der Redaktion der ›Allgemeinen Zeitung‹ finden würde. Äußerungen wie diese belegen die Widersprüche, in welche die Schreibpraxis des politischen Schriftstellers der Restaurationszeit durch die Veröffentlichungsbedingungen geriet. Heines vielfach korrigierte Manuskripte beweisen aber auch, daß er diese Bedingungen produktiv umzusetzen und gleichzeitig zu überwinden suchte. Die Geschichte hat erwiesen, daß seine Furcht vor der Folgenlosigkeit der eigenen Worte, auch und gerade der selbstzensierten, kaum begründet war. Im Gegenteil erlangte die paradigmatische Auseinandersetzung mit der Zensur für spätere Generationen von politischen Schriftstellern Modellfunktion, eben weil sie die sensible Reaktion des Schriftstellers auf die Schreibbedingungen der Epoche und zugleich die Möglichkeit einer Überschreitung dieser Bedingungen dokumentiert.

Vermittlung zwischen Deutschen und Franzosen, den »beiden auserwählten Völkern der Humanität«, war auch eines der Grundanliegen von Heines in den dreißiger Jahren erschienenen Deutschlandschriften, in deren Mittelpunkt die kritische Auseinandersetzung mit deutscher Literatur, Religions- und Philosophiegeschichte steht. Während sich die Artikel über deutsche Literatur mit ihrer ideologiekritischen Interpretation der deutschen Romantik laut Heines eigener Bekundung offiziell von französischer Polemik fernhalten sollten, griff er mit den Teilen über Philosophie und Religion in Deutschland ausdrücklich in die innerfranzösische Diskussion ein. Um seine eigene Position als Deutschlandexperte in Frankreich zu etablieren, mußte er die dort kursierenden Argumente aufgreifen, und dies tat er in Form einer subversiven Kritik auf dem Feld der politisch sensiblen Deutschland-De-

Mich dünkt, ein methodisches Volk wie wir mußte mit der Reformation beginnen, konnte erst hierauf sich mit der Philosophie beschäftigen und durfte nur nach deren Vollendung zur politischen Revolution übergehen. Diese Ordnung finde ich ganz vernünftig. Die Köpfe, welche die Philosophie zum Nachdenken benutzt hat, kann die Revolution nachher zu beliebigen Zwecken abschlagen.

›Zur Geschichte der Religion und Philosophie in Deutschland‹

batte: dem philosophisch-wis-
senschaftlichen Deutschlandbild, der Interpretation des
geistig-wissenschaftlichen
Aufschwungs in Deutsch-
land, der »deutschen Revoluzion« auf dem Gebiet des
Geistes. Im Unterschied zur
vorherrschenden Meinung
versuchte er zu zeigen, daß
die philosophische Entwicklung von Lessing und Kant
bis Hegel auf eine große politische Revolution hinauslau-
fen mußte. Damit stieß er auf
den Widerstand der liberalen
Denker in Frankreich, die
Hegels Geschichtsphilosophie
eine systemstabilisierende
Funktion zuschrieben.

40   Georg Wilhelm Friedrich Hegel
in seinem Arbeitszimmer. Lithographie von L. Sebbers, 1828

 Gemessen an seinen letzten
publizistischen Arbeiten, etwa der aggressiven Vorrede zur
Buchausgabe seiner Pariser Korrespondenzartikel, war die
Beschäftigung mit deutscher Geistesgeschichte ein Abschwei-
fen in scheinbar harmlosere Gefilde. Wenn Heine solchermaßen der äußeren Situation Rechnung trug – eine Reihe dra-
konischer Zwangsmaßnahmen der deutschen Regierungen
hatte die Freiheit des Wortes weiter eingeschränkt –, bemühte
er sich doch zugleich, diesen Richtungswechsel als lediglich
taktischen Rückzug von der tagespolitischen Bühne darzu-
stellen: Das Scheitern der politischen Agitation der Jahre 1831
und 1832 habe bewiesen, daß Deutschland noch nicht dazu

Ich empfand überhaupt nie eine allzugroße Begeisterung für diese Philosophie, und von Überzeugung konnte in bezug auf dieselbe gar nicht die
Rede sein. Ich war nie abstrakter Denker, und ich nahm die Synthese der
Hegelschen Doktrin ungeprüft an, da ihre Folgerungen meiner Eitelkeit
schmeichelten. Ich war jung und stolz, und es tat meinem Hochmut wohl,
als ich von Hegel erfuhr, daß nicht, wie meine Großmutter meinte, der
liebe Gott, der im Himmel residiert, sondern ich selbst hier auf Erden der
liebe Gott sei.   ›Geständnisse‹

bereit sei, die von Frankreich angezündete Revolutionsfackel zu übernehmen. Nun gelte es, auf die Ideen und Mentalitäten zu wirken, bevor man einen echten politischen Wechsel anvisieren könne. Und so bezeichnete er seine literaturkritische und philosophische Arbeit denn auch als Fortsetzung des Kampfes mit anderen Mitteln, wobei er von »guten Schwertschlägen« oder von seiner »Soldatenpflicht« sprach. Durch die Änderung seiner Taktik glaubte Heine, den Freiraum des oppositionellen Schriftstellers bewahrt und gleichzeitig die politische Debatte auf ein weniger brisantes Feld verlagert zu haben, das nach dem Scheitern der »Demagogen« und dem Zustand allgemeiner Schläfrigkeit der deutschen Gesellschaft nun zunächst anzugehen sei.

In der ›Romantischen Schule‹, die im November 1835 herauskam, gab Heine eine Übersicht der deutschen Literatur von Lessing bis Arnim und Brentano. Angesichts der politischen Stürme, die in Deutschland spätestens durch die Julirevolution entfesselt worden waren, erschien Heine die romantische Dichtung, wie etwa Ludwig Uhland sie einst »so hold und lieblich hervorgesungen« habe, reichlich obsolet. Er, den der Zusammenhang zwischen der Literatur und der Politik einer Epoche stets interessiert hatte, erblickte in der »Wiedererweckung der Poesie des Mittelalters« die klammheimliche »Wiedereinführung« einer »katholisch feudalistischen Denkweise«, von »Ritterthum und Pfaffenthum«. Ein kurzer Seitenblick galt namhaften Vertretern der literarischen Avantgarde, wofür Heine seit 1833 den Schulbegriff des »Jungen Deutschland« gebrauchte: ein Bekenntnis zur *littérature engagée*, das Gelegenheit zu einem Selbstportrait gab – war er doch selbst einer der »Schriftsteller des heutigen jungen Deutschlands, die (…) keinen Unterschied machen wollen zwischen Leben und Schreiben, die nimmermehr die Politik

---

Woran liegt es denn, daß es der Nation an Energie fehlt und daß sie im allgemeinen für schwerfällig und beschränkt gilt, ungeachtet sich in ihr eine kleine Anzahl von Menschen befindet, die vielleicht die geistreichsten in ganz Europa sind? Nicht der Erziehung, sondern der Natur der Regierung ist dieser seltsame Kontrast zuzuschreiben. Die intellektuelle Erziehung in Deutschland ist ganz vortrefflich; aber alles findet innerhalb der Theorie statt.

Madame de Staël: ›Über Deutschland‹, 1814

41 Madame de Staël (1766–1817). Kolorierter Stahlstich

trennen von Wissenschaft,
Kunst und Religion, und die
zu gleicher Zeit Künstler,
Tribune und Apostel sind.«
Der soziale Fortschrittsglau-
be, der diese Autoren beseele,
habe dagegen den Schriftstellern der romantischen Periode
gemangelt.

Mit der ›Romantischen Schule‹
griff Heine zugleich bewußt in die französische Debatte um ein authentisches Deutschlandbild ein.
Dabei ging es ihm nicht nur um informationspolitische Popularisierung. Damit verknüpft war – als Gegenentwurf zu Madame de Staëls Deutschlandbuch – eine selbständige Ausle-
gung insbesondere des deutschen Idealismus. Er habe dem
französischen Publikum zeigen wollen, »was eigentlich jene
romantische Schule bedeute, die Frau von Staël so sehr rühm-
te und feyerte«, umriß er 1844 seine damalige Intention. »Ich
zeigte, daß sie nur aus einem Haufen Würmer bestand, die
der heilige Fischer zu Rom sehr gut zu benutzen weiß, um
damit Seelen zu ködern.«

Ein halbes Jahr zuvor, Mitte Januar 1835, war Heines Ab-
handlung ›Zur Geschichte der Religion und Philosophie in
Deutschland‹ erschienen. Darin wollte er »die Phasen der
deutschen Philosophie und zugleich ihre politische Bedeutung« verständlich machen. Die Parallelen zwischen Französischer Revolution und deutscher Philosophie, die er schon
früher einmal konstatiert hatte, wurden jetzt ausführlich ent-

Madame de Staël (1766–1817). Die
französische Schriftstellerin schwei-
zerischer Herkunft unternahm zwischen 1803 und 1808 mehrere
Deutschlandreisen. Eindrücke und
Informationen, die sie im vertrauten
Umgang mit führenden Repräsentanten des deutschen Geistes gewonnen hatte, sammelte sie 1813 in
ihrem Buch ›De l'Allemagne‹. Es
war lange Zeit die maßgebliche
Überblicksdarstellung der neueren
deutschen Literatur (besonders der
Romantik) aus französischer Sicht
und trug wesentlich dazu bei, daß
sich auch in Frankreich eine romantische Schule (z. B. Victor Hugo)
durchsetzen konnte.

wickelt. Ganz konsequent prophezeite er Deutschland, als Folge der von Kant eingeleiteten philosophischen Umwälzung, auch eine politische Revolution.

Indem er sich auf das Feld der Religion und Philosophie begab, meinte Heine seine Mäßigung bewiesen, die Zensur quasi entwaffnet zu haben. Doch genau die Taktik, die Debatte auf das philosophische Terrain zu verlagern und damit scheinbar zu entpolitisieren, gab den Behörden Veranlassung zu massiver Intervention und erwies sich damit als Kurzschluß. Sein Essay, in dem sich religionskritische Interpretationen der deutschen Philosophie von Immanuel Kant über Fichte und Hegel bis zu Joseph Schelling mit der saint-simonistischen Theorie von der Rehabilitation der Materie und der weltlichen Erlösung des Menschen verbinden, rief umgehend die Zensur auf den Plan, die über sechs Prozent des Textes strich. Es war der quantitativ umfangreichste Eingriff in der Druckgeschichte von Heines Werken. Davon betroffen waren vor allem zwei Bereiche: die Zeitkritik am unseligen Bündnis von Thron und Altar und die aktuellen Perspektiven, die Möglichkeit einer deutschen Revolution, wie sie insbesondere in der apokalyptischen Schlußvision des Werks zum Ausdruck kommt. Doch auch mit der entschärften Fassung erregte Heines Essay noch die persönliche Aufmerksamkeit des österreichischen Staatskanzlers Metternich, der am 31. Oktober 1835 den preußischen Minister Wittgenstein auf diese Schrift aufmerksam machte, die ein »wahres Meisterstück in Beziehung auf Styl und Darstellung« sei und »die Quintessenz der Absichten und Hoffnungen der Bagage mit der wir uns beschäftigen« enthalte.

Wenige Wochen später holten die deutschen Behörden zu ihrem entscheidenden Schlag gegen die oppositionelle Literatur aus, für die sich der Gruppenname »Junges Deutschland«

Bekanntmachung, die Verbreitung revolutionärer und sittenverderblicher Schriften betr.: Unter der Benennung: ›die Literatur‹ ist von mehreren Schriftstellern eine Reihe von Schriften herausgegeben worden, deren Tendenz dahin gerichtet ist, durch Erschütterung aller bisherigen Begriffe über Christenthum, Obrigkeit, Eigenthum, Ehe etc. in allen socialen Verhältnissen Anarchie zu verbreiten und eine allgemeine Umwälzung vorzubereiten. Indem die sämmtlichen Polizeibehörden des Großherzogthums auf dieses gefährliche Treiben hierdurch aufmerksam gemacht

mittlerweile eingebürgert hatte. Damit wurden Literaten bezeichnet, die auf die großen Zeitfragen eingingen und der Diskussion über Staat, Kirche und Gesellschaft kritische Impulse verliehen. Ihre Kampfansage galt den Politikern des Restaurationssystems und ihren Helfershelfern in Kunst, Kultur und Wissenschaft. In ihrem Drang nach politischer, religiöser und moralischer Freiheit und Selbstbestimmung verstanden sich die Jungdeutschen als Erben der fortschrittlichen Tradition der deutschen Kulturgeschichte, die von Luther, dem religiösen Reformator, über Kant, den Aufklärer, und Lessing, den Nationaldichter, bis schließlich hin zu Börne, dem Zeitkritiker, reichte.

Mit dem Beschluß der Deutschen Bundesversammlung vom 10. Dezember 1835 gegen die »Verfasser, Verleger, Drucker und Verbreiter der Schriften aus der unter der Bezeichnung ›das junge Deutschland‹ oder ›die junge Literatur‹ bekannten literarischen Schule« erreichte die Auseinandersetzung zwischen der engagierten Publizistik und dem System der Restauration ihren spektakulären Höhepunkt. Es war das erste Mal in der deutschen Literaturgeschichte, daß eine Gruppe von Autoren per Dekret an der Fortsetzung ihrer literarischen Tätigkeit gehindert oder zumindest – und das auf Jahre – großen Beschränkungen unterworfen wurde. Daß die Regierungen dabei die Wirkung von schöner Literatur weit überschätzten, steht auf einem anderen Blatt.

So wie das Verbot formuliert war, war es als Berufsverbot interpretierbar. Nachdem die gesetzlichen Grundlagen geschaffen waren, gingen Polizei und Justiz mit einer bis dahin nicht gekannten Konsequenz gegen die Autoren und weitere an Herstellung und Vertrieb der engagierten Literatur beteiligte Personen vor. Zeitschriften- und Bücherverbote, Ausweisungen mißliebiger Redakteure oder Ermittlungsverfah-

werden, findet man sich zugleich veranlaßt, namentlich die Verbreitung der Schriften von Heine, Gutzkow, Wienbarg, Laube und Mundt, insoweit nicht zum Debit der einen oder der anderen dieser Schriften die specielle Erlaubniß des unterzeichneten Ministeriums sollte nachgesucht und erwirkt werden, (...) bei Vermeidung der Beschlagnahme und einer Polizeistrafe von zehn Gulden für jedes Exemplar, im ganzen Umfange des Großherzogthums zu verbieten (...).
›Großherzoglich Hessisches Regierungsblatt‹, Darmstadt, 17. Dezember 1835

ren gegen Schriftsteller waren an der Tagesordnung. Bis zum Frühjahr 1836 folgte etwa ein Dutzend Einzelstaaten der Verbotsempfehlung der Bundesversammlung. Ein preußischer Ministerialerlaß vom 16. Februar 1836 schwächte das Totalverbot dann ab und stellte klar, daß davon alle Werke ausgenommen waren, die zuvor die preußische Zensur passiert hatten, und auch dies sollte, wie später präzisiert wurde, nur für in Preußen gedruckte Werke gelten. Im nachhinein stellte sich der Bundestagsbeschluß als wesentlich weniger spektakulär heraus, als es zunächst den Anschein hatte. Doch trotz uneinheitlicher Regelungen und fehlender Ausführungsbestimmungen bekamen Autoren und Verleger die Folgen noch bis in die 1840er Jahre hinein zu spüren.

Manche Schriftsteller entzogen sich der Gängelung, indem sie im Ausland publizierten oder indem ihre Verleger die Differenzen zwischen den einzelnen Bundesstaaten in der Handhabung der Zensur auszunutzen suchten. Heine ging einen eigenen Weg: In einem offenen Brief ›An eine hohe Bundesversammlung‹ protestierte er Ende Januar 1836 auf geripptem

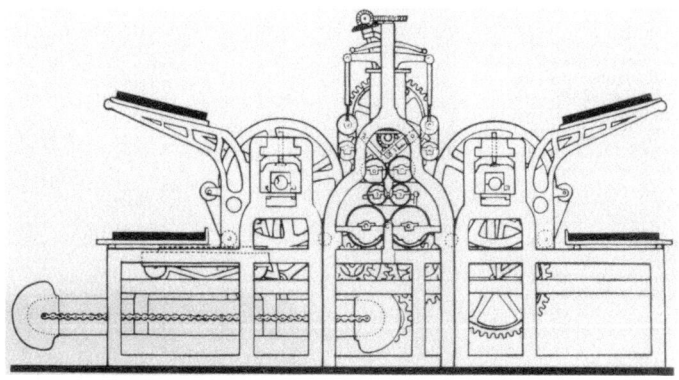

42 Die Buchdruckpresse von Friedrich Koenig mit flacher Druckform und mechanischen Lederwalzen, 1811

Die **periodische Presse des Vormärz** stellt in mancherlei Hinsicht ein einzigartiges Phänomen dar. Nie zuvor und auch später nicht wurde eine solche Breite des Journalismus erreicht. Zwischen 1815 und 1850 erschienen rund 2200 deutschsprachige literarische Zeitschriften, von einmaligen Nullnummern bis zu vielbändigen Langzeitunternehmungen. Rund 60 000 Autoren lieferten dafür Beiträge. Ein Trend zur Demokratisierung und Popularisierung des eine Generation zuvor

Handbüttenpapier nicht ohne Ironie, aber mit ausgesuchter Höflichkeit beim Deutschen Bundestag gegen das über ihn verhängte Veröffentlichungsverbot. Gleichzeitig teilte er seinem Verleger mit, er wolle nun ein Buch herausbringen, »welches höchst interessant und liebenswürdig sey ohne weder die Politik noch die Religion zu berühren«. Für dieses Werk, das er vorübergehend ironisch ›Das stille Buch‹ oder ›Mährchen‹ zu betiteln dachte, wählte er die ›Florentinischen Nächte‹, eine erotische Konversationserzählung. Außerdem arbeitete er einen Text über die deutsche Volksmythologie weiter aus, der bereits in französischer Version vorlag, »Mittheilungen über das traulich Innerlichste was das deutsche Volk besitzt und worin sich seine ganze Seele ausspricht, nemlich seine Sagen und Legenden«, wie er 1855 die »Elementargeister« definierte. Unter den aktuellen politischen Umständen erschienen ihm diese Berichte wie »eine Reihe harmloser Mährchen, die, gleich den Novellen des Dekamerone, dazu dienen könnten, jene pestilenzielle Wirklichkeit, die uns dermalen umgiebt, für einige Stunden zu vergessen.«

Trotz solcher Rückschläge blieb der deutsche Markt für den Schriftsteller Heine immer der wichtigste Bezugspunkt. Im Vergleich zu den Honoraren, die er von Campe in Hamburg erhielt, war das finanzielle Gewicht der französischen Buch- und Zeitschriftpublikationen verschwindend gering. Ende der dreißiger Jahre war Heines Versuch, sich durch Veröffentlichung der französischen Fassungen seiner Werke systematisch neue Verdienstmöglichkeiten zu schaffen, gescheitert. Dieses Scheitern ist um so gravierender, als es in eine Periode fiel, da der französische Literaturmarkt eine Expansion ohnegleichen erlebte. Heine war zwar einer Elite des französischen Geisteslebens bekannt geworden, aber er hatte es nicht ver-

---

noch überwiegend elitär besetzten Kommunikationsmediums Presse hatte sich durchgesetzt, nachdem die Postulate der Aufklärung (Bildung und Wissenschaft für jedermann) auf ihren praktischen Nutzen hin erkannt, systematisch gefördert und in die Praxis umgesetzt und Produktion und Distribu-tion durch die Erfindung und Weiterentwicklung neuer technischer Verfahren (Papiermaschine, Schnelldruckpresse, Eisenbahnbau etc.) erleichtert worden waren.

mocht, diesen Vorteil in einen breiten und dauerhaften literarischen Erfolg umzusetzen. Der angetreten war, zu einem
gleichberechtigten Großen unter den literarischen Koryphäen
der Julimonarchie zu werden, mußte sich mit dem Status eines geachteten Außenseiters begnügen. Das von ihm in den
ersten Pariser Jahren gesponnene Netz persönlicher Beziehungen hatte sich nur so lange als wirksam erwiesen, wie es
ihm gelungen war, es direkt in Markt- und Verkaufserfolge
umzusetzen. In sich heterogen, konnte es keine kontinuierli-
chen Belastungen oder einseitigen Beanspruchungen aushalten.

Von nun an war Heines literaturpolitisches Engagement
eindeutig auf Deutschland ausgerichtet, auf das topogra-
phisch Ferne, aber affektiv Nahe, während er sich gegenüber
dem französischen Markt darauf beschränkte, seine deutschen Texte durch Detailmodifikationen mehr oder minder
sorgfältig auf das französische Publikum hin zu frisieren.
Diese Priorität für Deutschland und das deutsche Publikum
war jedoch keineswegs unproblematisch, da er von einem
Außenposten aus schrieb, wodurch sich seine realitätsbezoge-
ne Perspektive mit der Zeit verlor. Sein Deutschland, das
»Land der Räthsel und der Schmerzen«, bekam mehr und
mehr imaginären Charakter, wohingegen sich der reale französische Kulturbezug stärker bemerkbar machte, was man an
Werken wie ›Atta Troll‹ oder an den späten Gedichten able-
sen kann. Seine Stellung zwischen den Kulturen tendierte zur
Akzentuierung einer mehr und mehr eigenen poetischen
Welt, die sich den jeweiligen dominanten Tendenzen entzog.
Erst als der Verlag Michel Lévy Frères ab 1855 eine neue Gesamtausgabe seiner Werke zu publizieren begann, erlebte
Heine dann doch noch den Durchbruch auf dem französischen Markt. Doch kam dieser Erfolg viel zu spät, um sich
noch zu Lebzeiten des Autors nachhaltig auszuwirken. Das

Er repräsentiert in Paris den Geist und die Poesie Deutschlands, wie er in
Deutschland die lebendige und geistreiche französische Kritik verkörpert.
Honoré de Balzac, 1844

Deutschlands erster Dichter.

Théophile Gautier, 1846

freundliche Echo vor allem auf die französische Ausgabe der
›Lutezia‹ brachte ihm denn auch eher idealische Genugtuung
als materiellen Gewinn, und wie so oft mußte er sich wieder
auf den Nachruhm vertrösten, während die Interessen seines
»Suppentopfes« zu kurz kamen.

In den Jahren zwischen 1838 und 1840 stellte Heine kritische
Reflexionen an über seine schriftstellerische Praxis und deren
Beziehung zur sozialen Welt im weitesten Sinne. Es schien an
der Zeit, die Rolle des Schriftstellers in der Gesellschaft, das
Verhältnis von »Dichter« und »Tribun«, die Beziehung zwischen künstlerischer und ideologischer Motivation, neu zu
bestimmen. Der Antrieb dazu war doppelter Art: Zum einen
zwang Heine das Bundestagsverbot von 1835 dazu, seine
Strategie gegenüber den deutschen Regierungen zu revidie-
ren, da die Verlagerung des Kampfes vom politischen auf das
ideologische Terrain nicht den erhofften Erfolg gebracht hatte. Hinzu kam die Aktualisierung alter Autobiographiepläne,
die durch den mit seinem Verleger Campe 1837 geschlossenen
Vertrag über die Gesamtausgabe seiner Schriften ausgelöst
wurden.

   Heines autobiographische Bilanz von 1840 umfaßte dann allerdings nicht so sehr biographische Ereignisse und Begeben-
heiten, sondern geriet zu einer kritischen Neubewertung der
Beziehungen zwischen Individuum und Außenwelt, in der
vor allem die Grundprobleme des »Zeitschriftstellers« angesprochen wurden, etwa die Frage nach der Beziehung von
Kunst und Idee, von Literatur und Zeitgeist. Allerdings konnte das Problem nicht umfassend angegangen werden. Heine
suchte deshalb einen Ansatzpunkt, der ein selektives Vorge-
hen gestattete und genau jene Punkte anzusprechen erlaubte,
die ihm am Herzen lagen: In einer großen Auseinanderset-

Der Mann, der zur Stunde das beste Französisch schreibt, ist ein Deutscher, und dieser Deutsche heißt Heinrich Heine.   *Adolphe Thiers, 1850*

Unser armes Frankreich hat heute nur sehr wenige Dichter und nicht einen einzigen, den es Henri Heine gegenüberstellen könnte.
Charles Baudelaire, 1865

zung mit Ludwig Börne, seinem republikanischen Antipoden und Weggefährten des Exils, gelang ihm eine eigene politische wie literarische Standortbestimmung.

Schon seit vielen Jahrhunderten war Frankreich Zielpunkt einer Wanderungsbewegung aus Deutschland, die alle sozialen Schichten und Berufe umfaßte. Neu war indessen seit der Französischen Revolution die politische Komponente, die sich dann auch nach 1830 wieder verstärkte. Die Deutschen stellten die zweitgrößte und in Paris sogar die größte ausländische Bevölkerungsgruppe: Am Vorabend der Revolution von 1848 war jeder zwanzigste Einwohner von Paris ein Deutscher. Auch in ganz Frankreich waren die Deutschen damals die wichtigste Einwanderergruppe. Primär ging dieser beträchtliche Anteil ebenso wie die zugrundeliegende Migrationsdynamik auf wirtschaftliche und soziale Ursachen zurück. Die rückständige ökonomische Entwicklung in Deutschland sowie Wirtschafts- und Agrarkrisen bei gleichzeitigem starkem Bevölkerungszuwachs trieben Jahr für Jahr Zehntausende in die Emigration. Der weitaus größte Teil dieser Immigranten zählte zur Schicht der Handwerker und Arbeiter, die hier wesentlich besser bezahlte Beschäftigungen fanden. Ihnen gegenüber stellten die kaufmännischen, intellektuellen und künstlerischen Berufe nur eine kleine Minderheit dar.

Neben der Kultur und der Finanzwelt war es vor allem die Politik, welche die deutsche Kolonie in Paris strukturierte. Die Gruppe der exilierten Intellektuellen und Schriftsteller wies nicht nur brillante Persönlichkeiten wie Heine und Ludwig Börne, Friedrich List und Karl Marx auf, sie entfaltete auch – teilweise in Verbindung mit Arbeitervereinen – eine breite politische Agitation, die durch geheime Emissäre in Deutschland verbreitet wurde. In vielfacher Wechselwirkung zur französischen Entwicklung wurde in den Auslandsorga-

---

Deutsche Emigranten in Frankreich

Knapp nach den Belgiern stellten die Deutschen die zweitgrößte und in Paris sogar die größte ausländische Bevölkerungsgruppe. In der Hauptstadt zählte man 1830 ungefähr 7000 Deutsche, zehn Jahre später waren es schon 30 000, und

bis 1848 stieg ihre Zahl auf 62 000, bei insgesamt 170 000 Ausländern in Paris und im Département Seine. Eine Großteil dieser Immigranten – je nach Zeitraum zwischen 75 und 90% – zählte zur Schicht der Handwerker und Arbeiter. Der Anteil der kaufmännischen, intellektuellen und künstlerischen Berufe betrug

43 Zug deutscher Amerika-Auswanderer auf dem Weg von den heimischen Bergen zum Einschiffungsort Le Havre. Stich von Chevauchet nach Th. Guérin, 1844

nisationen der deutschen Handwerker der Grund der deutschen Arbeiterbewegung gelegt. Die ersten Organisationsformen bildeten sich schon Anfang der dreißiger Jahre im Anschluß an nationale, liberale und antirestaurative Oppositionsbestrebungen heraus. Unter Führung bürgerlicher Intellektueller fanden sich hier Angehörige aus sozial stark gemischten Schichten zusammen, mit der für die damaligen Verhältnisse charakteristischen Mischung liberaldemokratischer und deutschnationaler Programmatik.

Nach einem kurzen Gastspiel im Frühjahr 1832 als Mitglied im Führungskomitee des Pariser Unterstützungsvereins für eine freie Presse in Deutschland hat sich Heine zwar nicht mehr organisatorisch an solchen Verbindungen beteiligt, aber doch sporadisch mit ihnen zusammengearbeitet. Er mußte aber damit leben, von seinen proletarischen Kampfgefährten

1830 nur etwa 20%, 1848 sank er auf unter 10%, obwohl sich ihre Zahl absolut mehr als verdoppelte. Denn auch Bankiers, Ärzte, Gelehrte, Architekten, Künstler, Schriftsteller und Journalisten fanden hier günstigere Bedingungen zur Ausübung ihrer Berufe vor.

44 Ludwig Börne (1786–1837). Lithographie
von C. Schulz nach M. Oppenheim

als »Royalist« verdächtigt zu werden, weil er als »Gemäßigter« auftrat – gemäßigt freilich in Relation zu den Ultraradikalen, deren politische Verzweiflung sich in imaginären Weltrevolutionsplänen Bahn brach. Seinen eigenen politischen Standpunkt bezeichnete Heine als »freisinnig«; keinesfalls wollte er »liberal« genannt werden: »Es liegt in dem Begriffe liberal etwas durchaus Aristokratisches, ein Ueberheben des Einen, der gnädig und duldsam genug ist, dem Andern eine Gabe, Freyheit, Recht, Geltung darzureichen.« Fühlte er sich auch als Demokrat – im Sinne eines »Volksfreunds« –, so gehörte er deshalb noch lange nicht, wie er seinen Schwager Moritz Embden schon 1822 wissen ließ, »zu den Demagogen in Deutschland«, denn deren tendenzieller Antisemitismus hätte schon bald das gemeinsame Interesse an politischen Veränderungen überlagert.

Mißtrauen und Zwietracht säte in den Emigrantenkreisen die Gewißheit, daß die deutschen Regierungen Geheimagenten in ihre Reihen einschleusten, die ihre Vorgesetzten über Vorgänge und Planungen in der deutschen Kolonie auf dem laufenden hielten. Bereits nach kurzer Zeit war Heine zu der Einsicht gelangt, Paris wimmle von preußischen Spitzeln, weshalb er, wie er seinem Freund Varnhagen in Berlin versicherte, beschlossen habe, sich »den politischen Intriguen

Der Publizist **Ludwig Börne** (eigentlich Löw Baruch, 1786–1837) lebte seit 1830 in Paris. Er war Herausgeber mehrerer Zeitschriften und Mitbegründer des »Deutschen Vaterlandvereins«. Er hatte regen Anteil an der Organisation einer deutschen Oppositionspartei in Paris. Seine polemisch-witzigen Schriften trugen entscheidend zur Entwicklung des Feuilletons bei. Die ›Briefe aus Paris‹ (1832–1834) gelten als Börnes Hauptwerk.

fern« zu halten – ein Bekenntnis, das sicherlich in erster Linie den preußischen Behörden selbst galt, von denen er annehmen konnte, daß sie seinen Briefwechsel kontrollierten. Dennoch feite ihn dies nicht gegen die Nachstellungen Informeller Mitarbeiter der Wiener Staatskanzlei. Obwohl er stets Vorsicht übte und auch gegenüber angeblichen Gesinnungsgenossen mißtrauisch blieb, gelang es Ende Mai 1833 einem Geheimagenten der österreichischen Regierung, sich in Paris als angeblicher württembergischer Liberaler unter dem Decknamen Dr. Beulwitz in die internationalen Republikanerkreise einzuschleichen und auch Heines Bekanntschaft zu machen. Innerhalb der nächsten acht Wochen traf »Beulwitz«, der eigentlich Wilhelm Binder hieß und zuvor in der Schweiz als Lehrer gerbeitet hatte, mehrmals mit Heine zusammen, wobei er stets versuchte, ihn auszuhorchen. In seinem Diensteifer entging dem Lockspitzel allerdings, daß »der pfiffige Heine«, wie Metternich selbst aufgrund der ihm zugekommenen, wenig ergiebigen Berichte formulierte, den Agenten »sehr bald witterte« und lediglich mit Falschinformationen fütterte.

Heines Verhältnis zu Börne, dem ehemaligen Waffenbruder, war zuletzt äußerst problematisch gewesen. Nach einer kurzen Phase des Schwankens hatte er ab Sommer 1832 dessen politische Radikalisierung, seine enge Verbindung zu den deutschen Republikanern, mißbilligt und seine Gesellschaft eher gemieden. Wenn er doch einmal mit ihm zusammentraf, wußte er ihn durch provozierende Bemerkungen zu reizen.

> Uns andern miserablen Menschen, hat die Natur zum Glücke nur einen Rücken gegeben, so daß wir die Schläge des Schicksals nur von einer Seite fürchten; der arme Heine aber hat zwei Rücken, er fürchtet die Schläge der Aristokraten und die Schläge der Demokraten, und um beiden auszuweichen, muß er zugleich vorwärts und rückwärts gehen.
> Um den Demokraten zu gefallen, sagt Heine: Die Jesuitisch-Aristokratische Partei in Deutschland verläumde und verfolge ihn, weil er dem Absolutismus kühn die Stirn biete. Dann um den Aristokraten zu gefallen sagt er: er habe dem Jakobinismus kühn die Stirne geboten; er sei ein guter Royalist und werde ewig monarchisch gesinnt bleiben; in einem Pariser Putzladen wo er vorigen Sommer bekannt war, sei er unter den acht Putzmachermädchen mit ihren acht Liebhabern, – alle sechszehn von höchst gefährlicher republikanischer Gesinnung, – der einzige Royalist gewesen, und darum stünden ihm die Demokraten nach dem Leben.
>
> *Ludwig Börne: ›Briefe aus Paris‹, 1834*

Börne seinerseits hatte schon bald den Stab über Heine gebrochen, sah in ihm einen frivolen, egozentrischen Feigling, der sich an die Aristokratie verkauft habe. Seit Herbst 1831 streute er, zunächst privat, das Gerücht, Heine sei ein Agent des restaurativen Systems. Im Herbst 1833 trat er, im 109. seiner ›Briefe aus Paris‹ und in der Form noch relativ maßvoll, erstmals öffentlich gegen ihn auf. Schärfer fiel dann seine 1835 erschienene Rezension von Heines Buch ›De l'Allemagne‹ aus. Hier holte Börne zu einem umfassenden Rundumschlag gegen Heine aus, bezichtigte ihn der Charakterlosigkeit und sprach seiner Interpretation der deutschen Philosophie und Literatur jede Seriosität ab. Seine Bemühungen um die Vermittlung deutscher Philosophie und Literatur in Frankreich deutete er als Pose zum Zweck der Selbstinszenierung, politisch bezichtigte er ihn des Verrats. Börne war es, der die Antithese auf den bekannten Punkt brachte: Heine habe zwar literarisches Talent, aber es fehle ihm an Charakter. Damit sei er für jede öffentliche Rolle disqualifiziert.

Zu diesen Anschuldigungen hatte Heine bei Lebzeiten Börnes stets geschwiegen. Erst nach dessen Tod im Februar 1837 reifte in ihm der Gedanke einer öffentlichen Entgegnung, zumal er feststellen mußte, daß Börne von der Opposition im nachhinein geradezu heiliggesprochen wurde. Zugleich suchte er in der öffentlichen Auseinandersetzung um seine eigene Person eine Reihe von neuen Akzenten zu setzen. Zum ersten Mal griff er in großem Maßstab selbst und offen in die Diskussion ein. Dabei ging er höchst subtil vor, auf mehreren Ebenen zugleich agierend. Kontrastiv zu Börnes Portrait entfaltete er in seiner ›Denkschrift‹ ein Bild seiner selbst, das eine Rechtfertigung seines Schaffens und seines öffentlichen Verhaltens bot. Während Börne als Autor nur das tagespolitische Treiben gesehen habe und ihn darum als Dichter meinte

Börne scheint wirklich jetzt von den Deutschen kanonisiert zu werden. Dieser ehrliche Mann ist dennoch mit Verläumdungen, die er der Welt über mich insinuiert hat, ins Grab gegangen. Es ist sehr wahrscheinlich, daß ich mein Stillschweigen über ihn breche.

An Johann Herman Detmold, 29. Juli 1827

abwerten zu können, betonte Heine, daß er die Verbindung von »Kunstinteresse« und den »revoluzionären Interessen des Tages« gesucht und sich eben dadurch erst in eine wirklich geschichtliche Perspektive gestellt habe: Zeichne sich der »wahre« Dichter doch dadurch aus, daß er das, was er beschreibe, wirklich »gelebt«, »gefühlt« und »gesehen« habe.

Zwei Gründe waren es, die Heine bewogen, angesichts der Forderung, eindeutig politische Flagge zu zeigen, auf seiner Künstler-Identität zu insistieren. Zum einen war er überzeugt, daß es dem Künstler noch am ehesten gelinge, die »verborgene Quelle« zu erschließen, aus der das »Wasser des Lebens« für die Menschheit fließe. Trotz ihrer vermeintlichen Weltferne seien die politischen und sozialen Analysen der Dichter authentischer und wirklichkeitsnäher als die Raisonnements der Berufspolitiker und -emigranten. Zum anderen bewahrten Heine der kritische Blick und das sensible Gehör des phänomenologisch sezierenden Künstlers davor, blind den republikanischen Selbstüberredungsformeln zu trauen, kollektiven Selbsttäuschungen zu erliegen. Er sah die Mischung aus Lächerlichkeit und Tragik, die viele seiner Weggefährten charakterisierte, sowie die Gefahr, die der »leidenden Menschheit« von der »Radikalkur« drohte, die ihr die republikanische Linke verschreiben wollte; eine Gefahr, die insbesondere den Dichter betraf: »Denn Schönheit und Genie«, so Heine in der ›Denkschrift‹, »sind ja auch eine Art Königthum, und sie passen nicht in eine Gesellschaft, wo jeder, im Mißgefühl der eigenen Mittelmäßigkeit, alle höhere Begabniß herabzuwürdigen sucht, bis aufs banale Niveau.« Getragen von dem Ehrgeiz, zugleich politischer Autor und Dichter zu sein, stand seine schriftstellerische Praxis bis zuletzt im Spannungsfeld der literarischen und der politischen Qualität. Daß er ständig und mit Macht immer diese beiden, oft wider-

Österreich war immer ein offner ehrlicher Feind, der nie seinen Ankampf gegen den Liberalismus geleugnet oder auf eine kurze Zeit eingestellt hätte. Metternich hat nie mit der Göttin der Freiheit geliebäugelt, er hat nie in der Angst des Herzens den Demagogen gespielt, er hat nie Arndts Lieder gesungen und dabei Weißbier getrunken, er hat nie auf der Hasenheide geturnt, er hat nie pietistisch gefrömmelt (…); – man wußte immer, wie man mit ihm dran war.

Vorrede zu den ›Französischen Zuständen‹, 18. Oktober 1832

45   Horace Vernet: Mazeppa. Lithographie, um 1840

sprüchlichen Momente seiner Existenz zusammenhalten wollte, indem er sie nach und nach der jeweiligen Situation an-
paßte, macht eine wesentliche Triebkraft seiner Biographie
aus.

*Unter Bezug auf obiges Bild schrieb Heine im Vorwort zu Alexandre Weills
›Sittengemälde aus dem elsässischen Volksleben‹:*
Hier ganz der zerrissene europamüde Sohn der Bewegung, der die Unbe-
hagnisse und Ekelthümer unserer heutigen Weltordnung nicht mehr zu
ertragen weiß, und hinausgaloppirt in die Zukunft, auf dem Rücken der
Idee ...
Ja, solche Menschen sind nicht allein die Träger einer Idee, sondern sie
werden selbst davon getragen, und zwar als gezwungene Reiter ohne
Sattel und Zügel: sie sind gleichsam mit ihrem nackten Leibe festgebun-
den an die Idee, wie Mazeppa an seinem wilden Rosse (...) – sie werden
davon fortgeschleift, durch alle fürchterliche Consequenzen, durch alle
Steppen und Einöden, über Stock und Stein – das Dornengestrüpp zer-
fleischt ihre Glieder – ihre Wunden bluten – Wo werden sie zuletzt an-
langen?

»Schlage die Trommel und fürchte dich nicht!«

Wenn Heine sich nach 1840 wieder stärker als zunächst beabsichtigt der Versdichtung zuwandte, reagierte er damit auf die Konjunktur der politischen Lyrik in Deutschland: 1840/41 erschienen die zweiteiligen ›Unpolitischen Lieder‹ von Heinrich Hoffmann von Fallersleben, ebenfalls 1841 die ›Lieder eines kosmopolitischen Nachtwächters‹ von Franz Dingelstedt und der erste Teil der ›Gedichte eines Lebendigen‹ von Georg Herwegh, 1843 kamen die ›Gedichte‹ von Robert Prutz heraus: politische Lehrdichtung mit parolenhaftem Programm, die zum Kampf für politisch-soziale Veränderungen begeistern sollte und dies, weil sie in ihrer Abstraktheit einen hohen Identifikationsgrad aufwies, mit großem Erfolg

46   Georg Herwegh. Stahlstich von C. Gonzenbach, Zürich 1843

auch vermochte. Es war nicht zuletzt der enorme kommerzielle Erfolg seiner Kollegen, die es bisweilen auf fünfstellige Verkaufszahlen brachten, der Heine anstachelte, sich selbst in diesem Genre zu versuchen.

Zeitgeschichtliche Stoffe hatte er bis dahin nur punktuell lyrisch verarbeitet, und auch diese hatten nicht Deutschland

Georg Herwegh (1811–1875). Als 19jähriger wegen Schulden und Streitereien aus dem Tübinger Stift verwiesen, debütierte Herwegh 1837 als Kritiker und Dichter bei der Zeitschrift ›Europa‹ in Stuttgart. 1840/41 entstanden die überwiegend politischen ›Gedichte eines Lebendigen‹ – abstrakte Freiheitslyrik, »Tendenzpoesie« (Heine), die zum Kampf für politisch-soziale Veränderungen aufrief. Der Erfolg war beispiellos: In vier Jahren wurden knapp 16 000 Exemplare abgesetzt. Herweghs Deutschlandreise im Herbst 1842 geriet zum Triumphzug, der den Dichter bis in den Audienzsaal des preußischen Königs führte.

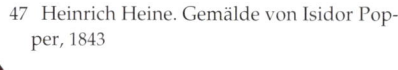

47 Heinrich Heine. Gemälde von Isidor Popper, 1843

als politisches Gebilde zum Thema oder gar einzelne Repräsentanten zur Zielscheibe. Insgesamt kann man wenig mehr als zehn Prozent seiner Gedichte diesem Typus zurechnen. Seine Leistungen auf diesem Gebiet können sich sehen lassen: Wie kaum einem anderen Schriftsteller seiner Zeit gelang es ihm in seinen ›Zeitgedichten‹ und im ›Wintermährchen‹, eine hochgradig artifizielle Poesie mit konkreten politischen Aussagen zu verbinden. Einige wenige Gedichte von Georg Weerth, Ferdinand Freiligrath und Georg Herwegh ausgenommen, stellte er alles in den Schatten, was zwischen 1840 und 1848 an politischer Lyrik erschien, und avancierte ab 1842 auch als Lyriker zur kritisch-ironischen Stimme eines »besseren Deutschland«.

Bestärkt wurde Heine dabei insbesondere von den Junghegelianern Karl Marx und Arnold Ruge, die Heine aufforderten, es »den politischen Lyrikern mal [zu zeigen], wie man das richtig macht – mit der Peitsche«. Für Heine waren sie »neue Genossen«, mit denen zusammen er »ein neues Schiff« bestieg, wie es im Gedicht ›Lebensfahrt‹ heißt. Seine kollegialen Verbindungen zu ihnen waren enger als zu den deutschen Republikanern der dreißiger Jahre, ihnen stand er aufgeschlossener gegenüber als den Vertretern der bürgerlichen republikanischen Opposition, die den Verfasser der despektierlichen ›Denkschrift‹ über Ludwig Börne mittlerweile mit

Karl Marx (1818–1883). Nach Abschluß seines Philosophiestudiums und kurzer Redaktionstätigkeit an der ›Rheinischen Zeitung‹ in Köln kam Marx 1843 nach Paris, um sich v. a. mit Geschichtsphilosophie, Revolutionstheorie und Nationalökonomie zu beschäftigen. Er lernte deutsche und französische Sozialisten kennen und schloß Freundschaft mit Friedrich Engels. 1845 ausgewiesen, ging Marx nach Brüssel, wo er zusammen mit Engels das ›Kommunistische Manifest‹ verfaßte, das eine radikale Kritik der bürgerlichen Gesellschafts- und Wirtschaftsordnung mit einem Aufruf an das internationale Proletariat

> Die Kommunisten, es ist wahr, besitzen leider keine Religion (einen Fehler muß doch der Mensch haben), sie sind sogar Atheisten (was gewiß eine große Sünde ist), aber in ihren obersten Prizipien huldigen sie einem Kosmopolitismus, einer allgemeinen Völkerliebe, einem Weltbürgertum aller Menschen, welches ganz übereinstimmend mit dem Grunddogma des Christentums.
>
> *Vorrede zu ›Lutezia‹ (Entwurf)*

erbittertem Haß verfolgten. Alles in allem blieb Heine den sozialistischen Strömungen gegenüber ein aufmerksamer Beobachter. Manche ihrer Einsichten machte er sich zu eigen und setzte seine Wortgewalt dafür ein. Nie dagegen wurde er ein bedingungsloser Parteigänger einer derselben. Das verbot ihm sein künstlerisches Selbstverständnis. In der Vorrede zur französischen Ausgabe der ›Lutezia‹ (1855) legte er den ausdrücklichen Akzent auf den frühen, radikalen Kommunismus, dem er grimmig einen welthistorischen Sieg über die nationalistischen Ideologien prophezeite – und über das Schönheitsideal, in dessen Zeichen er sein eigenes dichterisches Schaffen gestellt hatte.

Ruge und Marx waren, wie auch Georg Herwegh, Moses Heß und Julius Fröbel, in der zweiten Jahreshälfte 1843 nach Paris gekommen, weil sich ihre publizistischen Wirkungsmöglichkeiten in Deutschland erheblich verschlechtert hatten. In fortschrittlichen Emigrantenkreisen wurde nun unter Heines Beteiligung der Plan einer »Oppositionsbuchhandlung« und eines »Zeitungsinstituts« entworfen. Den intellektuellen Sozialisten gegenüber konnte der um 20 Jahre Ältere an gemeinsame theoretische Voraussetzungen anknüpfen, mit ihnen verband ihn auch die Gegnerschaft zu den »Nazionalen«, egal welcher politischen Couleur, deren Bedeutung seit 1840 zugenommen hatte. Marx und Ruge ihrerseits versprachen

zum Klassenkampf verbindet. 1848 kehrte Marx über Paris nach Deutschland zurück. Dort gab er bis zum Verbot die ›Neue Rheinische Zeitung‹ heraus. Seit 1899 lebte er im Londoner Exil, wo er insbesondere die ökonomischen Bewegungsgesetze der modernen Gesellschaft erforschte und maßgeblichen Anteil an der Organisation und Entwicklung der kommunistischen Bewegung in Europa und den USA hatte. Von seinem Hauptwerk, ›Das Kapital‹ erschien zu Lebzeiten nur der erste Band (1867).

sich von Heine publikumswirksame Beiträge zu ihren publizistischen Projekten. So ergaben sich eine Reihe von theoretischen und praktisch-politischen Konvergenzen, die für beide Seiten fruchtbar wurden. Mit Marx verstand sich Heine über das wechselseitige Zweckbündnis hinaus auch persönlich überaus gut, ein für sein weltzugewandtes und in vieler Hinsicht naives Naturell immer wichtiger Faktor.

Die ›Deutsch-französischen Jahrbücher‹, als deren einzige Lieferung Ende Februar 1844 eine Doppelnummer erschien, waren das erste Ergebnis des neuen Pariser Bündnisses. Mit diesem prononciert programmatischen Projekt schlossen die Herausgeber Ruge und Marx an die von Heine und Börne seinerzeit vorgegebene politische Linie des geistigen Bündnisses zwischen Deutschland und Frankreich an, wobei sie fest daran glaubten, daß nur in Paris, in Verbindung mit den dortigen fortschrittlichen Denkern, der Ausweg aus der deutschen Misere zu finden sei. Ab dem 1. Juli 1844 diente ihnen dann der ›Vorwärts‹, eine ursprünglich gemäßigt-liberale Zeitschrift der deutschen Kolonie in Paris, als Forum, der dann jedoch aufgrund einer Intervention Preußens beim französischen Ministerium 1845 verboten wurde. Heine unterstützte die Zeitung seit Mai 1844, veröffentlichte dort bis zum Sommer zehn aktuelle ›Zeitgedichte‹ und förderte sie zuletzt noch durch einen honorarfreien Nachdruck seines satirischen Reiseepos ›Deutschland. Ein Wintermährchen‹.

Die preußische Regierung betrachtete diesen publizistischen Pariser Außenposten der Opposition mit Argwohn und suchte ihn auf ministeriellem Wege zu unterdrücken. Am 16. April 1844 erließ das preußische Innenministerium per Rundschreiben an alle Oberpräsidenten der preußischen Provinzen einen Grenzhaftbefehl gegen Heine und drei weitere Mitarbeiter preußischer Herkunft der ›Deutsch-Französischen Jahr-

Ferdinand Lassalle (1825–1864), Publizist und Politiker. Lassalle studierte in Breslau und Berlin Philologie, Geschichte und Philosophie. 1845 kam er in Paris mit sozialistischem Gedankengut in Berührung und arbeitete 1848/49 an der ›Neuen Rheinischen Zeitung‹ von Karl Marx mit. In den 60er Jahren beschäftigte sich Lassalle mit der Situation der Arbeiter und entwickelte das Programm für den 1863 gegründeten »Allgemeinen Deutschen Arbeiterverein«, dem er auch als Präsident vorstand. Damit war er bis zu seinem frühen Tod der Führer der ersten selbständigen politischen Bewegung deutscher Arbeiter.

48 Ferdinand Lassalle, zeitgenössische Fotografie

bücher‹ wegen »versuchten Hochverraths und des Majestätsverbrechens«. Am 11. Juli wurde eine ähnliche Anweisung erlassen, diesmal gegen Redakteure und Mitarbeiter des ›Vorwärts‹, wovon Heine erneut betroffen war. Die Genannten sollten, »so bald sie das diesseitige Gebiet« beträten, »unter Beschlagnahme ihrer Papiere mit sorgfältiger Vermeidung alles Aufsehens verhaftet« und »unter sicherer Begleitung nach Berlin« transportiert werden. Auf Drängen der preußischen Gesandtschaft in Paris ergriffen schließlich auch die französischen Behörden Maßnahmen gegen die Flüchtlinge, da sie die Radikalisierung der deutschen politischen Emigration ebenfalls mit Sorge beobachteten. Innenminister Duchâtel ordnete aufgrund einer diplomatischen Intervention Preußens in Paris 1845 das Verbot des ›Vorwärts‹ und am 25. Januar 1845 die Ausweisung von sechs ›Vorwärts‹-Mitarbeitern an, unter ihnen Karl Marx, den Heine mit echtem Bedauern aus Paris scheiden sah. Ihn selbst bewahrte eine alte Bestimmung, derzufolge allen während der französischen Besetzung im Rheinland geborenen Deutschen automatisch eine Art Asylrecht in Frankreich gewährt wurde, vor der Ausweisung. Heines »freywilliges Exil« hatte sich in ein unfreiwilliges gewandelt.

Lassalle setzte seine politischen Hoffnungen auf eine revolutionäre Elite. Darin unterschied er sich von Marx, der dem Proletariat eine »historische Mission« bescheinigte. Lassalles Vision gipfelte in einer »Diktatur der Einsicht«, die nach sozialistischen und kommunistischen Zwischenstufen und nach Abschluß einer »Erziehungsdiktatur« Staat und Recht endlich überflüssig machen würde. Um dieses Ziel zu verwirklichen, war Lassalle durchaus zu taktischen Bündnissen mit dem Bürgertum bereit.

Im Dezember 1844 begegnete Heine einem weiteren Links-hegelianer: Ferdinand Lassalle, dem späteren Arbeiterführer. Im Herbst des folgenden Jahres kamen beide öfter zusammen. Die zeitgenössischen Zeugnisse belegen, daß Heine von Lassalle in einer Weise persönlich beeindruckt war, die an Verliebtheit grenzt. In dem jungen Philosophen sah er, wie er im Überschwang der Gefühle Lassalles Vater Heymann schrieb, den »Messias des Jahrhunderts«. Das mag zum einen Lassalles charismatischer Persönlichkeit und seinem selbstbe-wußten Auftreten geschuldet gewesen sein; ganz zu verste-hen ist es aber nur aus Heines damaliger Lage heraus, in der sein bisheriger zukunftsgewisser Optimismus in Resignation umzukippen drohte: der bedenklichen Verschlechterung sei-nes Gesundheitszustandes, der Niedergeschlagenheit im er-gebnislos verlaufenden Erbschaftsstreit mit den Hamburger Verwandten, der damit zusammenhängenden literarischen Unproduktivität und schließlich dem beginnenden Rückzug aus der politischen Aktualität. Vor dieser düsteren Kulisse, in der sein ganzes Selbstverständnis in Frage gestellt war, er-schien ihm Lassalle wie eine Verkörperung der jungen Gene-ration der Kämpfer, denen die Zukunft gehörte.

In den im September 1844 erschienenen ›Neuen Gedichten‹ faßte Heine neben einem Zyklus von 24 aktuellen ›Zeitgedich-ten‹ im wesentlichen die Ernte seiner lyrischen Produktion seit 1827 zusammen: die 45 Gedichte des ›Neuen Frühlings‹, den auf 71 Gedichte angewachsenen Zyklus der ›Verschiede-nen‹ und 24 ›Romanzen‹; die ersten beiden Auflagen enthiel-ten außerdem das satirische Versepos ›Deutschland. Ein Win-termährchen‹. Für die dritte Auflage von 1852 fügte Heine ein weiteres ›Schöpfungslied‹, den Unterzyklus ›Diana‹ (zu den ›Verschiedenen‹) und eine selbständige Gruppe von Gedich-

Das nachstehende Gedicht schrieb ich im diesjährigen Monath Januar zu Paris, und die freye Luft des Ortes wehete in manche Strophe weit schär-fer hinein, als mir eigentlich lieb war. Ich unterließ nicht, schon gleich zu mildern und auszuscheiden, was mit dem deutschen Clima unverträglich schien. Nichtsdestoweniger, als ich das Manuscript im Monath März an meinen Verleger nach Hamburg schickte, wurden mir noch mannigfache Bedenklichkeiten in Erwägung gestellt. Ich mußte mich dem fatalen Ge-schäft des Umarbeitens nochmals unterziehen, und da mag es wohl ge-

ten hinzu, die ursprünglich überwiegend für den ›Romanzero‹, seine vorletzte große Lyriksammlung, bestimmt gewesen
war und die charakteristischen Merkmale der Spätzeit trägt
(›Zur Ollea‹); das ›Wintermährchen‹ wurde gegen ›Ratcliff‹
getauscht.

In den ›Zeitgedichten‹ setzte sich Heine nicht nur kritisch
mit dem politischen status quo auseinander, sondern auch
mit den Dichtern der Opposition wie Franz Dingelstedt, Hoffmann von Fallersleben, Georg Herwegh und Ferdinand Freiligrath. Bisweilen kann man von regelrechten Gegengedichten
sprechen. Auch die Versepen, jene alte Gattung, der sich Heine ab 1842 parallel zu den Gedichten zuwandte, sind durch
diese doppelte Stoßrichtung charakterisiert. Zum ›Wintermährchen‹ äußerte er gegenüber seinem Verleger lakonisch:
»Meine Gedichte, die neuen, sind ein ganz neues Genre, ver-
sifizirte Reisebilder, und werden eine höhere Politik athmen
als die bekannten politischen Stänkerreime«. Damit setzte er
seine eigene Form der Dichtung deutlich vom Zeitlyriker ab.

Was Heine an der von ihm als »Tendenzpoesie« verhöhnten
politischen Dichtung mißbehagte, war das hohle Posaunen-
pathos, der phrasenhaft unkonkrete Enthusiasmus, die Poe-
sielosigkeit und der Bierernst. Auch bei sogenannter Freiheitslyrik bestand er auf formaler Vollendung; eine gute
Gesinnung allein qualifizierte in seinen Augen noch nicht zu
höheren Dichterweihen. Außerdem mißbilligte er den einsei-
tig nationalen Kurs mit stellenweise chauvinistischem Unter-
ton. Der wahre, sich zur Höhe der »großen Interessen« der
Zeit aufschwingende Dichter war für ihn weitgehend unab-
hängig von den Tagesfragen. Sieht man einmal von den
›Schlesischen Webern‹ ab, dieser »Marseillaise der deutschen
Arbeiter«, wie Alexandre Weill seinerzeit schrieb, findet man
in Heines Gedichten keine eindeutigen, mitreißenden politi-

schehen seyn, daß die ernsten Töne mehr als nöthig abgedämpft oder
von den Schellen des Humors gar zu heiter überklingelt wurden. Einigen
nackten Gedanken habe ich im hastigen Unmuth ihre Feigenblätter wieder abgerissen, und zimperlich spröde Ohren habe ich vielleicht verletzt.
Es ist mir leid, aber ich tröste mich mit dem Bewußtseyn, daß größere
Autoren sich ähnliche Vergehen zu Schulden kommen ließen.

Vorwort zu: ›Deutschland.
Ein Wintermährchen‹

schen Parolen. In der Regel beließ er es bei der satirischen Zertrümmerung reaktionärer Ideen und Manifestationen und hielt sich mit Visionen zurück. Die Wirkung seiner Texte beruht auf einem meist ironisch gebrochenen Ton, in dem sich neben der Staats- und Gesellschaftskritik auch bewußt die individuelle Lebensproblematik des Subjekts abspiegelt. Dazu kommt bei einigen der bekanntesten Gedichte wie den ›Nachtgedanken‹ (»Denk ich an Deutschland in der Nacht…«) eine besondere rhythmische Intensität.

Trotz aller Vorsichtsmaßnahmen des Verlegers blieben den ›Neuen Gedichten‹ Beschlagnahmen und Verbote in zahlreichen Einzelstaaten des Deutschen Bundes nicht erspart. Bis ins Frühjahr 1845 hinein kam es zwischen Aachen und Danzig, Lübeck und München immer wieder zu Razzien bei liberalen Buchhändlern. Nach der Verbotswelle, die dem Bundestagsbeschluß von 1835 gefolgt war, erreichte die Intensität der staatlichen Unterdrückungsmaßnahmen im Winter 1844/45 einen neuen Höhepunkt.

Mit ›Deutschland. Ein Wintermährchen‹ von 1844 und ›Atta Troll‹, der 1843 als Zeitungsdruck und 1847 mit dem Untertitel ›Ein Sommernachtstraum‹ als Buch erschien, schuf Heine zwei komplementäre, innerlich aufeinander bezogene Werke. Während sich das humoristische Tierepos ›Atta Troll‹ mit seiner südlichen Naturkulisse und seinen vierhebigen Trochäen als »phantastisch zweckloses« »Waldlied« gab und damit bewußt, in direkter Stoßrichtung gegen die »Tendenzpoesie«, an die Romantik anknüpfte, stellt ›Deutschland. Ein Wintermährchen‹ eine scharfe Satire der deutschen Zustände dar. Elemente des allegorischen Heldenepos parodierend, formal

Denk' ich an Deutschland in der Nacht,
Dann bin ich um den Schlaf gebracht.
Ich kann nicht mehr die Augen schließen,
Und meine heißen Tränen fließen.

Die Jahre kommen und vergehn!
Seit ich die Mutter nicht gesehn,
Zwölf Jahre sind schon hingegangen!
Es wächst mein Sehnen und Verlangen.

[…]

Die ersten Verse der ›Nachtgedanken‹, 1844

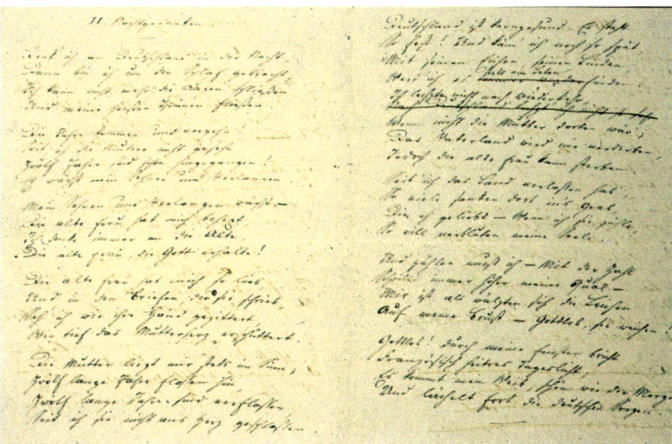

49   Handschrift der ›Nachtgedanken‹ aus den ›Neuen Gedichten‹ von 1844

die gängige Volksliedstrophe verwendend, demonstrierte Heine die Unmöglichkeit einer Vereinigung der »Jungfer Europa« mit dem »Genius der Freyheit« unter den obwaltenden Umständen. Seine Kenntnisse der »deutschen Misere« hatte er bei einer Deutschlandreise im Herbst 1843 auffrischen können.

Der beißenden, in der Zeit der Freundschaft mit Karl Marx akzentuierten Aggressivität des ›Deutschland‹-Epos entsprach die spielerisch humoristische Haltung des ›Atta Troll‹, die Heine später im epischen Fragment ›Bimini‹ weiterentwickelte. Es galt, sich wieder einen neuen poetischen Freiraum zu schaffen und Distanz zu den alten Gegnerschaften zu gewinnen. Gegen die kurzsichtige Kritik gesinnungstreuer »Charakterhelden« sollte dieser geläutert romantische Nach-

> Es ist ein gereimtes Gedicht, welches, vier Strophen die Seite berechnet, über 100 Druckbogen betragen mag und die ganze Gährung unserer deutschen Gegenwart, in der keksten, persönlichsten Weise ausspricht. Es ist politischromantisch und wird der prosaisch bombastischen Tendenzpoesie hoffentlich den Todesstoß geben. Sie wissen, ich prahle nicht, aber ich bin diesmal sicher daß ich ein Werkchen gegeben habe, das mehr furore machen wird als die populärste Broschüre und das dennoch den bleibenden Werth einer klassischen Dichtung haben wird.
>
> *An Campe, 17. April 1844*

zügler unter Benutzung traditioneller Fabelmotive die »un-
veräußerlichen Rechte des Geistes« vertreten, poetische Freiheit und Autonomie der Kunst: »Phantastisch / Zwecklos ist
mein Lied. Ja zwecklos / Wie die Liebe, wie das Leben, / Wie
der Schöpfer samt der Schöpfung!«, ohne daß darum jene
»heiligsten Menschheitsideen« preisgegeben würden, für die
Heine nach eigener Einschätzung selbst »viel gestritten und
gelitten« hatte. In der Gestalt des tolpatschigen Tanzbären Atta Troll sollten sich zunächst die teutomanen Turner und Zi-
vilisationsverächter in der Nachfolge Jahns und Maßmanns
wiedererkennen. In einem weitergehenden Sinn war ›Atta
Troll‹ als »Satyre auf die menschlichen Liberalismus-Ideen
überhaupt« angelegt, wie Heine in einem Brief an seine Mutter erklärte. In der Tierkarikatur werden naturrechtliche, thei-
stische und kommunistische Ideen parodistisch verzerrt, wird
auf den Widerspruch von Idee und Realität, von Rede und
Tat verwiesen, wie er alle Weltverbesserer charakterisiert, deren hochfliegende Projekte im Widerspruch zu ihrer nur mit-
telmäßigen geistigen und kulturellen Befähigung stehen.

  Im Unterschied zu ›Atta Troll‹ geht das ›Wintermährchen‹,
in dem Heine ein düsteres Bild von Deutschlands Gegenwart
und ein noch dunkleres von seiner Zukunft entwarf, seinen
Gegenstand direkt, unverhüllt und ohne Umschweife an. Es

war Heines eingehendster
und brisantester Beitrag zur
Deutschland- und Preußen-
diskussion der vierziger Jahre. Mit dem ›Wintermähr-
chen‹ reagierte er auf den
faktischen Machtzuwachs und
die Hegemoniebestrebungen
Preußens, das sich unter

50 Separatdruck des ›Wintermährchens‹, 1844

Friedrich Wilhelm IV. als Zentrum der politischen Restauration etablierte. Hellsichtig erkannte Heine die Gefahren eines
sich modern gebärdenden, bis an die Zähne bewaffneten Na-
tionalstaates, der sich zu seiner Legitimation auf ein roman-
tisch verklärtes Mittelalter berief.

Aus Heines Briefwechsel des Jahres 1844 geht deutlich hervor, wie besorgt er um die Aufnahme des Werks war. Erneut
hatte er es mit einer zweifachen Gegnerschaft zu tun: »Da das
Opus nicht bloß radikal revolutionär, sondern auch antina-
zional ist, so habe ich die ganze Presse natürlich gegen mich,
da letztere entweder in Händen der Autoritäten oder der Nazionalen steht und von den unpolitischen Feinden, von rein
literarischen Schuften, unter allerley Masken zu meinem
Schaden ausgebeutet werden kann«. In dem in Hamburg ver-
faßten ›Vorwort‹ zum Separatdruck des ›Wintermährchens‹
betonte er daher entschieden seine »unheilbare«, »große Vorliebe für Deutschland«, wie er sie gegenüber Vertrauten
längst offenbart hatte. Zu Unrecht nannte man ihn, der sogar
von Deutschlands »Universalherrschaft« träumte, einen »Va-
terlandsverächter«. Heine war ein großer Patriot. Nicht im
Sinne eines bornierten und aggressiven nationalen Egoismus,
sondern – Jahrzehnte vor der Verabschiedung demokratischer
Verfassungen in Deutschland – »Verfassungspatriot«: Die
»Erklärung der Menschenrechte« enthielt für ihn »die zehn
Gebote des neuen Weltglaubens«.

Heines missionarischer Patriotismus, wie er ihn im ›Wintermährchen‹-›Vorwort‹ prägnant definierte, zielte auf Fortführung und Verwirklichung der revolutionären Denktraditi-
on in Deutschland von Luther bis Hegel. Den »Teutomanen«,
den Schreihälsen der »sogenannten nationalen Partei«, die
seit 1840 verstärkt ihr Heimatrecht an Elsaß-Lothringen rekla-

Damals blühte die sogenannte politische Dichtkunst. Die Opposition, wie
Ruge sagt, verkaufte ihr Leder und ward Poesie. Die Musen bekamen die
strenge Weisung, sich hinführo nicht mehr müßig und leichtfertig um-
herzutreiben, sondern in vaterländischen Dienst zu treten, etwa als Mar-
ketenderinnen der Freiheit oder als Wäscherinnen der christlich germanischen Nazionalität. Es erhub sich im deutschen Bardenhain ganz besonders
jener vague, unfruchtbare Pathos, jener nutzlose Enthusiasmusdunst, der
sich mit Todesverachtung in einen Ocean von Allgemeinheiten stürzte (…).
Vorrede zu ›Atta Troll‹

mierten, warf er, wie er in Briefen an Karl Marx und Caroline Jaubert fast gleichlautend formulierte, entschlossen den »Fehdehandschuh« hin. An die Adresse jener »heldenmüthigen Lakayen in schwarz-roth-goldner Livree« gewandt, erklärte er: »Ich werde Eure Farben achten und ehren, wenn sie es verdienen, wenn sie nicht mehr eine müßige oder knechtische Spielerey sind. Pflanzt die schwarz-roth-goldne Fahne auf die Höhe des deutschen Gedankens, macht sie zur Standarte des freyen Menschthums, und ich will mein bestes Herzblut für sie hingeben. Beruhigt Euch, ich liebe das Vaterland eben so sehr wie Ihr. (…) Elsaß und Lothringen kann ich freylich dem deutschen Reiche nicht so leicht einverleiben wie Ihr es thut, denn die Leute in jenen Landen hängen fest an Frankreich wegen der Rechte, die sie durch die französische Staatsumwälzung gewonnen, wegen jener Gleichheitsgesetze und freyen Instituzionen, die dem bürgerlichen Gemüthe sehr angenehm sind, aber dem Magen der großen Menge dennoch Vieles zu wünschen übrig lassen. Indessen, die Elsasser und Lothringer werden sich wieder an Deutschland anschließen, wenn wir das vollenden, was die Franzosen begonnen haben, wenn wir diese überflügeln in der That, wie wir es schon gethan im Gedanken (…), ja, nicht bloß Elsaß und Lothringen, sondern ganz Frankreich wird uns alsdann zufallen, ganz Europa, die ganze Welt – die ganze Welt wird deutsch werden! Von dieser Sendung und Universalherrschaft Deutschlands träume ich oft wenn ich unter Eichen wandle. Das ist *mein* Patriotismus.«

Die frühe deutsche Arbeiterbewegung
Die Reformmodelle der deutschen Arbeiterbewegung waren zunächst stark an handwerklichen Vorstellungen orientiert. Bis zur Revolution von 1848 stand das Ideal einer Gesellschaft von Kleineigentümern im Mittelpunkt, das dann der Genossenschaftsidee Platz machte und erst Ende der 1860er Jahre von gewerkschaftlichen Konfliktmodellen abgelöst wurde.

Der Zusammenbruch

Im Jahr 1847 verdüsterte sich der Horizont in Frankreich: Eine wirtschaftliche Depression erschütterte das ökonomischsoziale Gefüge; Arbeitslosigkeit und steigende Lebensmittelpreise waren die Folge. Das Kreditsystem stand am Rande des Ruins, die Staatsverschuldung war auf schwindelerregende Höhen angestiegen, politische Skandale erschütterten die moralische Glaubwürdigkeit der Machthaber. Der wachsenden Unzufriedenheit selbst ansonsten zahmer Oppositionskreise begegneten Louis-Philippe und Ministerpräsident Guizot nur mit einer Verhärtung ihrer Positionen. Wie sehr sie sich der politisch-sozialen Realität ihres Landes, ja ihrer eigenen Anhänger entfremdet hatten, zeigte sich in den Februartagen 1848, als eine Erhebung der Pariser Bevölkerung Regierung und Thron hinwegfegte. Die bürgerliche Nationalgarde, die früher so getreulich jeden republikanischen Aufstandsversuch niedergeschlagen hatte, versagte diesmal dem König den Dienst und lief zu den Aufständischen über. Louis-Philippe mußte, ähnlich wie achtzehn Jahre zuvor sein bourbonischer Vetter, den Weg ins Exil antreten. Von Paris ausgehend, erfaßte die Revolution im März bald weite Teile Europas.

Um so ernüchternder wirkte der weitere Verlauf des Geschehens, der

51 Heinrich Heine. Unbekannter Künstler, Februar 1846

Heines Prophezeiung bestätigen sollte: »Eine Revoluzion ist ein Unglück, aber ein größeres Unglück ist eine verunglückte Revoluzion«. Ebenso wie in der Juli- war auch in der Februarrevolution die Koalition der Sieger nicht einheitlicher Natur, sie reichte vom gemäßigten Republikanismus bis zum Arbeitersozialismus. Dem starken linken Flügel der Revolution begegneten die bürgerlichen Republikaner, unter denen sich die Angst vor der »kommunistischen Gefahr« verbreitete, mit zunehmendem Mißtrauen. Das politische Gleichgewicht der in den Februartagen spontan geborenen Provisorischen Regierung verschob sich nach den Wahlen zur gesetzgebenden Versammlung im April zugunsten der bürgerlichen Mitte, wodurch die von der Regierung ausgeschlossene radikaldemokratische Linke zur außerparlamentarischen Aktion gedrängt wurde. Beide Parteien wollten eine Entscheidung herbeiführen. Die Schließung der Nationalwerkstätten und die dadurch bewirkte Massenarbeitslosigkeit lösten die Erhebung der Pariser Arbeiter vom 23. bis 26. Juni aus, die erste große bewaffnete Auseinandersetzung zwischen besitzender und besitzloser Klasse. Der blutigen Niederschlagung des Aufstandes durch Armee und Nationalgarde mit ca. 10 000 Toten folgte eine überaus harte Repression mit Massenprozessen und -deportationen.

52 Der Aufstand gegen die Herrschaft des Bürgerkönigs Louis Philippe am 24. Februar 1848. Lithographie aus der französischen Zeitschrift ›L'Illustration‹, 1853

Heines Gefühle der Februarrevolution gegenüber waren zwiespältig. Er hatte der durch Louis-Philippe bewirkten Friedenszeit immer insofern Gerechtigkeit widerfahren lassen, als er in ihr eine geschichtlich notwendige Voraussetzung für den gesellschaftlichen Reifeprozeß sah, der allein eine dauerhafte Veränderung der Verhältnisse zu garantieren vermöge. Nach einer kurzen Phase enthusiastischer Hoffnung mußte er bald feststellen, daß die eingeleitete Entwicklung nicht nur in keiner Weise der erwarteten sozialen Revolution entsprach, sondern die Lage eher zu verschlimmern drohte. Im Gegensatz zur Julirevolution, die für ihn den Aufbruch aus der Restauration und den Beweis für geschichtlichen Fortschritt bedeutete, erlebte er die Revolution von 1848 zugleich als Zusammenbruch einer alten Welt, der er sich innerlich zugehörig fühlte, und als Perversion der revolutionären Ideale, für die er sein Leben lang kämpfte. Einerseits hatte er den Zusammenbruch des politischen Systems lange genug vorausgesagt, um nicht das Eintreffen seiner Prophezeiung mit Genugtuung zu registrieren. Andererseits jedoch sah er den beschränkten politischen Weitblick und die Heterogenität der republikanischen Allianz überdeutlich.

Im Dezember 1848 wurde überraschend nicht der Republikanergeneral Cavaignac, der Sieger der Junitage, zum Präsidenten der Republik gewählt, sondern Louis-Napoléon Bonaparte, der Großneffe des Kaisers. Viele sahen in ihm nur das Werkzeug der alten monarchistischen Partei. Sein überwältigender Wahlsieg war jedoch Ausdruck des vor allem in der ländlichen Bevölkerung weiterlebenden Napoleon-Mythos. Die folgenden Jahre waren politisch vom Gegensatz zwischen dem mehrheitlich konservativen Parlament und dem bonapartistischen Präsidenten geprägt. Als sich die Kammer 1851 einer Verfassungsänderung zugunsten der Wiederwahl Lou-

Hier in Frankreich herrscht gegenwärtig die größte Ruhe. Ein abgematteter, schläfriger, gähnender Friede. Es ist alles still, wie in einer verschneiten Winternacht. Nur ein leiser, monotoner Tropfenfall. Das sind die Zinsen, die fortlaufend hinabträufeln in die Kapitalien, welche beständig anschwellen; man hört ordentlich, wie sie wachsen, die Reichtümer der Reichen. Dazwischen das leise Schluchzen der Armut. Manchmal auch klirrt etwas, wie ein Messer, das gewetzt wird.

›Lutezia‹

is-Napoléons widersetzte, griff dieser zum Mittel des Staats-
streichs. Die Gegenwehr der Pariser Republikaner war nur
von kurzer Dauer. Ernstzunehmender war der Widerstand in
den Dörfern, wo die republikanischen Bürgermeister den
Verfassungsbruch anprangerten und zum Marsch auf die
Hauptstadt aufriefen. Entscheidende Unterstützung erhielt
der »Fürst-Präsident« von der Armee, aber auch von der Kirche und dem neuen industriellen Mittelstand. Durch eine in-
dustrie- und handelsfreundliche Wirtschaftspolitik verschaff-
te er sich die Gunst der Wirtschaftsbourgeoisie; andererseits
suchte er durch begrenzte sozialpolitische Maßnahmen die
soziale Frage zu entschärfen; ein Unternehmen, bei dem ihm
die aufwärts weisende Weltkonjunktur zu Hilfe kam. So
konnte er sich Ende 1852 offiziell die Kaiserkrone antragen
und am 2. Dezember das Kaiserreich ausrufen lassen. Ein
Großteil der politisch aktiven intellektuellen Elite wurde verhaftet, deportiert oder ging in die Emigration. Paris verlor
seine Rolle als Zufluchtsort der gescheiterten europäischen
Revolutionäre.

Für Heine bedeutete die Thronbesteigung Napoleons III. in
gewisser Weise eine Rückkehr zum politischen System seiner
Düsseldorfer Jugendzeit, die ja im Zeichen Napoleons I. gestanden hatte. Es wäre jedoch verfehlt, aus der Tatsache, daß
der napoleonische Bonapartismus Heines Leben gleichsam
politisch einzufassen scheint, allzu weitgehende Schlußfolge-
rungen zu ziehen, auch wenn er in seinem damals ungedruckt gebliebenen ›Waterloo-Fragment‹ selbst eine solche

Ich brauche wohl nicht besonders zu erörtern, daß erst am 20. December
1852 das französische Volk die vollständige Genugthuung empfing, wodurch die alte Wunde eines gekränkten Nazionalgefühls vernarben kann.
Ich empfinde in tiefster Seele diesen Triumph, da ich einst die Niederlage
so schmerzlich mitempfunden. Ich bin selbst ein Veteran, ein Krüppel
mit beleidigtem Herzen, und begreife den Jubel armer Stelzfüße. Dazu
habe ich auch die Schadenfreude, daß ich die Gedanken lese auf den Gesichtern unsrer alten Feinde, die gute Miene zum bösen Spiel machen. Es
ist nicht ein neuer Mann, der jetzt auf dem französischen Thron sitzt,
sondern derselbe Napoleon Bonaparte ist es, den die heilige Allianz in
die Acht erklärt hat, gegen den sie den Krieg geführt und den sie entsetzt
und getödtet zu haben behauptet! Er lebt noch immer, regirt noch immer – denn wie einst der König im alten Frankreich nie starb, so stirbt im
neuen Frankreich auch der Kaiser nicht.

›Waterloo. Fragment‹

53 Heine-Darstellung von Desboutin, nach 1853

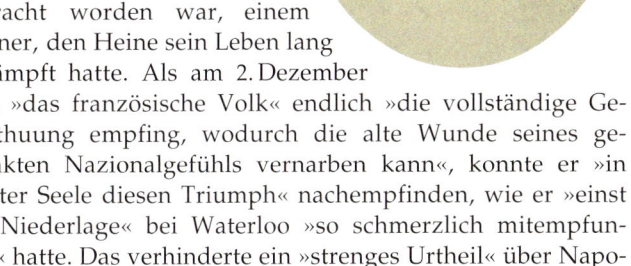

Rahmenbeziehung herstellte. In seiner historischen Perspektive war die Inthronisierung Napoleons III. vor allem eine Rehabilitierung jener Niederlage, die dem fortschrittlichen Europa 1815 von der europäischen Reaktion beigebracht worden war, einem Gegner, den Heine sein Leben lang bekämpft hatte. Als am 2. Dezember 1852 »das französische Volk« endlich »die vollständige Genugthuung empfing, wodurch die alte Wunde seines gekränkten Nazionalgefühls vernarben kann«, konnte er »in tiefster Seele diesen Triumph« nachempfinden, wie er »einst die Niederlage« bei Waterloo »so schmerzlich mitempfunden« hatte. Das verhinderte ein »strenges Urtheil« über Napoleon III.

Das Scheitern der Revolution ging mit einer rapiden Verschlechterung von Heines Gesundheitszustand einher. Anfang Februar 1848 mußte er sich stationär in die medizinische Klinik seines Freundes Faultrier im Süden der Stadt aufnehmen lassen, wohin ihm später seine Frau Mathilde und deren Gesellschafterin Pauline nachfolgten. »Getrommel, Schießen und Marseillaise« waren zwar auch hier »beständig« zu hören; von den bewaffneten Auseinandersetzungen in der Stadt blieb er jedoch weitgehend verschont. Nur zu Beginn des Aufstandes geriet er nach einem Besuch bei seiner Frau versehentlich zwischen die Fronten. »Meine Beine haben den

Heine, bei dem ich auch erst einmal war, ist *äußerst* herunter. Sein Geist aber so hell und scharf wie je, nur etwas gegen die Welt verbittert, wie es mir schien. Er freute sich sehr, mich zu sehen und rief nach der ersten Begrüßung gleich aus (auf seinen Schwanz weisend): ›Sehen Sie, welcher Undank! Diese Partie, für die ich soviel getan habe, hat mich so weit gebracht.‹ Sein Anblick ist übrigens wirklich schreckenerregend. – Dich hält er in sehr freundlichem Angedenken.
Ferdinand Lassalle an Karl Marx, Paris, Anfang Juli 1855

Sturz des Königtums nicht überlebt«, schrieb er drastisch am 25. Juni 1848 an Edouard de Lagrange.

Unter dem Eindruck der siegreichen Gegenrevolution sowie der fatalen Verkehrung der Fronten insbesondere in Deutschland, aber auch in Frankreich, schwor Heine dem hegelianischen Atheismus ab. Sein bisheriger Zukunftsoptimismus, jene Auffassung von einer zunehmenden Vervollkommnung der Menschheit im Geschichtsverlauf, die er zuletzt nicht mehr in Frage gestellt hatte, wich einer tiefen Skepsis. Vor allem aber führte der äußere und innere Gang der Ereignisse zu einer »Wiedererweckung« seines »religiösen Gefühls«, was er charakteristischerweise als »FebruarRevoluzion« in seinen »religiösen Ansichten und Gedanken« bezeichnete. Wenngleich Heine den Zusammenhang selbst immer wieder betonte, wäre es falsch, diese Wendung allein aus seiner Krankheitssituation abzuleiten. Heines »Rückkehr zu Gott« war zwar auch ein privater, mehr noch aber ein eminent politischer Vorgang. Die Niederschlagung der Arbeitererhebung im Juni, die mit seinem eigenen endgültigen körperlichen Zusammenbruch beinahe zusammenfiel, war ihm ein erster eklatanter Beleg dafür, daß es nicht mehr mit rechten Dingen zuging. An Campe schrieb er dazu unter dem 9. Juli 1848: »Ueber die Zeitereignisse sage ich nichts; das ist Universalanarchie, Weltkuddelmuddel, sichtbar gewordener Gotteswahnsinn! Der Alte muß eingesperrt werden, wenn das so fort geht. – Das haben die Atheisten verschuldet, die ihn toll geärgert.« In dieser für ihn charakteristischen Mischung aus Spaß und tiefem Ernst ließ er durchblicken, daß er sich selbst ein gerüttelt Maß Ver-

54 Alphonse de Lamartine (1790–1869). Kolorierter Holzstich von A. Demboor und Gangel, 1848. **Lamartine** verfaßte seinen ersten Gedichtband ›Méditations poétiques‹ (1820) unter dem Eindruck des frühen Todes seiner Geliebten Julie Charles, die 1817 ihrer schweren Krankheit erlag. Die ›Méditations‹

antwortlichkeit für den Lauf der Ereignisse zuschrieb und zugleich seinen Atheismus einer Revision zu unterziehen begann.

Ludwig Kalisch referiert ein Gespräch vom 20. Januar 1850: »Ich bin in Passy gelegen, als meine böse Krankheit anfing. Während ich mich krampfhaft auf dem Lager wälzte, wurde draußen der entsetzliche Junikampf gekämpft. Der Kanonendonner zerriß mein Ohr. Ich hörte das Geschrei der Sterbenden; ich sah den Tod mit seiner unbarmherzigen Sense die Pariser Jugend hinmähen. In solchen gräßlichen Augenblicken reicht der Pantheismus nicht aus; da muß man an einen persönlichen Gott, an eine Fortdauer jenseits des Grabes glauben«. Zugleich zeigt der Umstand, daß er in der Geschichte weiterhin das Vernunftprinzip aufsuchte und auch seinen wiedergefundenen Gott im Namen der Vernunft kritisierte, daß Heine auch nach 1848 paradoxerweise im wesentlichen hegelianischer Geschichtsauffassung verpflichtet blieb. Wie seine Beziehung zum Judentum besaß auch Heines Verhältnis zum hegelschen »Fortschrittsdenken« eine kritisch gebrochene, affektive Dimension. Gerade hierdurch bleiben beide Bereiche miteinander verbunden.

Diagnose und Ursprung von Heines schwerer Krankheit, bei der es sich vermutlich um Hirn- und Rückenmarkssyphilis handelte, konnten von seinen Ärzten nicht geklärt werden. Im Laufe seines Lebens erduldete er daher alle möglichen Therapien, Sturzbäder und Meerwasserkuren ebenso wie das Anlegen von Blutegeln oder Blasenpflastern (die sog. spanischen Fliegen). Von der Applikation eines Haarseils im Nacken, wofür ihm in einen künstlich eröffneten Wundkanal eine Schnur aus Pferdehaar eingelegt wurde, versprach man sich die Ableitung des »Säfteandrangs« innerer Organe nach außen und einen verbesserten Stoffwechsel erkrankter Teile.

machten Lamartine schlagartig berühmt, da ihr Ton genau den Stil der Romantik traf. Diplomatische Missionen führten Lamartine nach Italien, wo der Band ›Novelles Méditations‹ entstand (1823). 1832 wurde Lamartine Abgeordneter der Kammer. Es waren vor allem sein Werk ›L'Histoire des Girondins‹ (1847) und seine politischen Reden, die einen wesentlichen Beitrag zum Sturz der Julimonarchie in Frankreich leisteten.

Einen ähnlichen Zweck verfolgte das Kauterisieren, die Zerstörung von Gewebepartien durch Einsatz des Brenneisens: ein hochkomplexes Heilungssystem, das Parallelen zur Akupunktur aufweist und in der Naturmedizin bis heute Anwendung findet.

Da eine pathologische Untersuchung nicht vorliegt (testamentarisch verbot Heine eine Autopsie seines Leichnams) läßt sich auch retrospektiv nicht mit Sicherheit entscheiden, ob Heines Erkrankung tatsächlich syphilitischen (worauf der degenerative Zerstörungsprozeß und der teilweise reversible Gesamtverlauf deuten) oder etwa erblichen Ursprungs war: Immerhin litt sein Vater an einer Erkrankung des zentralen Nervensystems. Er selbst, der sich als Student zweimal mit einer Geschlechtskrankheit infiziert hatte, deutete sein Leiden als »Krankheit der glücklichen Männer« und somit als Folge seines »ausschweifenden« Sexuallebens. Heine wäre somit das seltene Beispiel eines Syphilitikers, dessen Paralyse sich auf das Rückenmark, die Augen und einen Teil der Kopfnerven beschränkte und keinen mentalen Charakter besaß.

Von durchgreifender Gesundheit hatte bei Heine nie die Rede sein können. Seine neurasthenische Konstitution machte ihn außerordentlich sensibel, reizbar und geräuschempfindlich und erzeugte häufig depressiv-hypochondrische Stimmungen, die sich im konstanten Gefühl von Vereinsamung manifestierten. Bereits als Student klagte er über heftige, langandauernde Kopfschmerzattacken; die Wahl seiner Wohnungen erfolgte deshalb stets unter dem Gesichtspunkt, daß sie nicht in der Nähe eines Schlossers oder eines anderen »klopfenden

55 Morphiumrezept für Heine, verordnet von Dr. David Gruby, 4. März 1850

Handwerkers« gelegen sein durften. In seinem Schlaf- und Arbeitszimmer duldete er keine Uhr, und es durfte »an kein anderes Zimmer grenzen worinn laut gesprochen wird.«

1832 zeigten sich Lähmungserscheinungen im linken Arm, die von zwei Fingern der Hand allmählich bis zum Ellenbogen hinaufreichten, 1837 am rechten Augenmuskel, die mit erheblichen Sehstörungen verbunden waren. Im Sommer 1841, auf der Reise zu den Schwefelquellen von Cauterets, verschlimmerte sich das Augenleiden derart, daß er vorübergehend »doppelt sah«. 1845 war die Lidparalyse am linken Auge, die sich später auch rechts bemerkbar machte, so weit fortgeschritten, daß er, um sehen zu können, mit dem Finger das gelähmte obere Augenlid anheben mußte. Ende Mai 1846 verschlechterte sich sein Befinden auf dramatische Weise, als Teillähmungen der rechten Gesichtshälfte und Kreislaufprobleme hinzukamen. Auf der Reise nach Barèges, wo er zusammen mit Mathilde den alljährlichen Sommerurlaub verbringen wollte, wurde er so schwach, daß er, wie er in einem Artikel für die ›Allgemeine Zeitung‹ verlauten ließ, »unfern von Bagnères de Bigorre den Wagen verlassen und sich auf einem Lehnsessel über das Gebirge tragen lassen mußte«. Am 25. September 1847 schilderte er seinem Arzt Leopold Wertheim, »seit 14 Tagen« seien nun auch seine »Beine und Füße so paralysirt«, daß er kaum einen Schritt gehen und sein Zimmer nicht mehr verlassen könne. »Der Unterleib ebenfalls so bedeutend paralysiert und ich bin mehr als unwohl«. Für einen letzten Besuch bei seiner Freundin Caroline Jaubert ließ er sich auf dem Rücken eines Dienstboten die Treppe zu ihrer Wohnung hinauftragen. Ende Mai 1848 streckte ihn die Lähmung schließlich gänzlich nieder.

Heine war nun ein Pflegefall. Zwischendurch gab es zwar immer wieder kurze Phasen, in denen die Krankheit zu sta-

Opium ist auch eine Religion. Wenn so ein Bischen grauer Staub in meine fürchterlich schmerzenden Brandwunden gestreut wird, und dann der Schmerz darnach gleich aufhört, soll man da nicht sagen, daß dies dieselbe beruhigende Kraft ist, welche sich in der Religion wirksam zeigt? Es ist mehr Verwandtschaft zwischen Opium und Religion, als sich die meisten Menschen träumen lassen.

Heine zu Adolf Stahr und Fanny Lewald,
nach deren Erinnerungen von 1850

gnieren schien und Heine neue Hoffnung schöpfte, doch ihr Fortgang war nicht aufzuhalten. Ein Jahr später stellten sich zusätzlich Schmerzattacken ein, die Heines Ärzte mit Morphium in immer größeren Mengen zu dämpfen suchten. Da es nicht intravenös verabreicht, sondern in eine offengehaltene Wunde gestreut wurde, mußte es in höherer Dosis verschrieben werden, bis zu einer Spitzendosis von 42 Milligramm pro Tag. Heine war jetzt vollkommen hilf- und auch wehrlos, und seine Idiosynkrasien verstärkten sich um so mehr, je einsamer es rings um ihn wurde. Immer wieder kamen daher Suizid-Gedanken auf.

Vor 1845 hatte Heine nie ernsthaft an eine Vermögensbildung gedacht, zumal eine systematische Rücklagenbildung mit einer Schmälerung seines (und Mathildes) Lebensstils einhergegangen wäre. Seine einzige Kapitalanlage war eine vorausschauende Vertragspolitik mit Campe, sein einziges Vermögen literarischer Art. Weder er noch seine Frau besaßen besonderes Talent, einen der Höhe ihrer Ausgaben entsprechenden optimalen Lebensstandard zu realisieren: Zuviel Verschwendung, nicht rationell im Sinne bürgerlicher Lebensführung eingesetzte Mittel bewirkten, daß beide unter dem Strich nicht so gut lebten, wie dies ihr Ausgabenbudget vermuten ließe. Dennoch überrascht die relative Konstanz dieses Budgets selbst unter stark schwankenden Bedingungen. Sogar der kranke Heine, der doch zusätzliches Pflegepersonal zu beschäftigen hatte, dazu die Dienste eines Vorlesers und Sekretärs und mitunter mehrere medizinische Kapazitäten gleichzeitig in Anspruch nehmen mußte, gab zunächst nicht entscheidend mehr aus als der gesunde Heine. Erst ab 1854, als sich seine Vermögensverhältnisse merklich besserten, lag sein Budget erheblich über demjenigen der vierziger

> Wie es mir im Alter gehen wird? Ehrlich gesagt, ich wage nicht, daran zu denken! Ich werde wahrscheinlich die Zahl jener edelsten und größten Männer Deutschlands vermehren, die mit gebrochenem Herzen und zerrissenem Rock ins Grab steigen. In Düsseldorf wird mir dann wohl ein Monument gesetzt werden.
>
> *An Maximilian Heine, 29. August 1837*

Jahre. Eine Bleistiftnotiz aus dieser Zeit nennt eine monatliche Gesamtsumme von 1400 Francs mit 1000 Francs als Fixkosten (»Miethe 300 / Leben 700«) und »Extr[as]« in Höhe von 400 Francs. Jedoch betrifft besagtes Ausgabenwachstum nur die letzten beiden Lebensjahre; ansonsten dürfen wir mit einem Durchschnittswert von 1000 Francs pro Monat rechnen, was ungefähr 13 000 DM heutigen Geldwerts entspräche. Das heißt: Um sich – mutatis mutandis – 150 Jahre später den Lebensstil Heines in Paris zu ermöglichen, müßte man monatlich einen Betrag von nicht weniger als 13 000 DM aufwenden.

Um so mehr traf Heine der Versuch des Hamburger Familienclans, die Pension nach Salomons Tod am 23. Dezember 1844 um die Hälfte zu kürzen und auch die Auszahlung dieser Hälfte an gewisse Bedingungen zu knüpfen. Von einem Tag auf den andern maßte sich sein Vetter Carl Heine an, Heines Lebensstil und Veröffentlichungsabsichten kommandieren zu dürfen: Ab sofort sollten absolute Loyalität, Sparsamkeit und Einschränkung gelten. Nach einem erbitterten Tauziehen, bei dem Heine trotz Aufbietung aller List nichts erreichte, vielmehr seine produktiven Lebensenergien verschwendete und einen Gutteil seiner Gesundheit einbüßte, lenkte Carl Heine, von einer Falschmeldung über Heines ver-

56 Carl Heine (1810–1865), der Vetter in Hamburg. Foto

meintlichen Tod aufgeschreckt, im Herbst 1846 schließlich aus eigenem Antrieb ein. Im Februar 1847 sicherte er seinem Cousin die unverkürzte Fortzahlung der ursprünglichen Jahresrente auf Lebzeiten zu. Außerdem erklärte er sich bereit, nach Heines Tod die Hälfte der Pension an Mathilde weiterzuzahlen. Ab 1848, dem Beginn der »Matratzengruft«-Zeit, erhielt Heine darüber hinaus noch einen Jahreszuschuß von 3000, ab 1850 von 5000 Francs. Sogar für verschiedene, teils fiktive Schulden Heines kam der reiche Vetter auf.

Nach diesem Warnschuß und angesichts der rapiden Verschlechterung seines Gesundheitszustands ergriff Heine nun endlich konkrete Maßnahmen: Das ihm aus der Hamburger Erbschaft zufließende Bargeld legte er 1845/46 teils, offenbar unter Anleitung der Großbankiers James Rothschild und Benny Goldschmidt, in Aktien der französischen Nordeisenbahn, teils in Anteilsscheinen des Prager Gasunternehmens Iris an, wandte sich also im Bedürfnis einer Zukunftssicherung dem riskanten Aktiengeschäft zu.

Der Zusammenbruch der Julimonarchie und die Streichung der Staatspension machten jedoch schon bald deutlich, auf welch tönernen Füßen sein Budget stand. Zwar gelang es ihm, als es 1847 mit den Kursen und der Julimonarchie abwärts zu gehen begann, sich noch rechtzeitig von der Börse zurückzuziehen, so daß er mit einem blauen Auge davonkam, doch ein »in Akzionen der Bank von Gouin und ähnlicher Etablissemente« angelegtes Kapital scheint er 1848 »im Bankrott der Februar Revoluzion« definitiv verloren zu haben, was zunächst auch für das bei der in Konkurs gegangenen Iris angelegte Geld zu gelten schien, das er erst nach jahrelangen Auseinandersetzungen mit Ferdinand Friedland zurückerhielt. Ruiniert war Heine dadurch freilich nicht, aber die Fortführung des aufwendigen Lebensstils war in Frage gestellt.

Wenn ich an einen Gott glaube, so glaube ich doch manchmal nicht an einen guten Gott. Die Hand dieses großen Tierquälers liegt schwer auf mir.
An Heinrich Laube,
12. Oktober 1850

Es war purer Zufall, daß mit dem Jahr 1848 auch die Zahlungen aus einem zweiten Gesamtausgaben-Vertrag mit Campe einsetzten, mit denen er einen Teil des Einnahmenausfalls decken konnte (2280 von 4800 Francs im Jahr). Durch die Zahlungen seines Vetters – um die er freilich einmal bangen mußte – und Campes Rente war Heines Lebensunterhalt trotz der durch die Krankheit entstehenden zusätzlichen Pflegekosten wieder gesichert. Er war nun nicht mehr auf neue literarische Produktionen zur Deckung seiner Ausgaben angewiesen, ja er hatte, den nahen Tod vor Augen, solche Aktivitäten auch gar nicht mehr eingeplant. So überließ er denn auch in seinem Testament vom 10. Juni 1848 die Versorgung seiner künftigen Witwe völlig der Großzügigkeit des reichen Verwandten.

Das allseits erwartete schnelle Ende blieb jedoch aus, und die Stagnation seiner Krankheit ließ Heine während der besseren Momente Zeit zum Arbeiten. Frei von den drückendsten Geldsorgen konnte er im Sommer 1851 überraschend mit einem neuen Gedichtband, dem ›Romanzero‹ hervortreten. Unter dem von Julius Campe herrührenden Titel vereinigten Autor und Verleger eine Auswahl der Gedichte, die Heine nach 1844 geschrieben hatte. Weitere rund 60 Gedichte, hauptsächlich nach 1848 entstanden, blieben zu Lebzeiten ungedruckt und kamen erst mit dem lyrischen Nachlaß an die Öffentlichkeit. Mit einigen dieser Texte hatten spätere Editoren ihre Schwierigkeiten: Adolf Strodtmann, Herausgeber der ersten Gesamtausgabe von 1861, reduzierte etwa das Gedicht

Schloßlegende

Zu Berlin, im alten Schlosse,
Sehen wir, aus Stein gemetzt,
Wie ein Weib mit einem Rosse
Sodomitisch sich ergötzt.

Und es heißt: daß jene Dame
Die erlauchte Mutter ward
Uns'res Fürstenstamms; der Saame
Schlug fürwahr nicht aus der Art.

Ja, fürwahr, sie hatten wenig
Von der menschlichen Natur!

Und an jedem Preußenkönig
Merkte man die Pferdespur.

Das Brutale in der Rede,
Das Gelächter ein Gewieher,
Stallgedanken, und das öde
Fressen – jeder Zoll ein Thier!

Du allein, du des Geschlechtes
Jüngster Sprößling, fühlst und denkst
Wie ein Mensch, du hast ein ächtes
Christenherz, und bist kein Hengst.

›Citronia‹ von 99 auf ganze 14 Verse, weil es in seinen Augen »die Grenze des Wohlanstandes allzu muthwillig« überschritt. Ernst Elster, Herausgeber der ersten textkritischen Heine-Ausgabe von 1887, mußte auf das Gedicht »Schloßlegende« verzichten, das Heines schärfsten Angriff auf die Hohenzollern enthält. Seit 1878 war es »durch Staatsanwalt verboten«.

Wenn Heine im ›Romanzero‹ einerseits frühere Formen wie die ›Zeitgedichte‹ und ›Romanzen‹ weiterführte, so finden sich darin andererseits auch neue Themen und vor allem ein bisher nicht gehörter Ton, der in der Situation des sterbenden Dichters begründet war: Zusammen mit der politischen Misere trug sie erheblich zur Verdüsterung seines Zeit- und Geschichtshorizonts bei, der Heine durch verschärfte Satire, durch Fremd- und Selbstparodie Ausdruck gab. Als neue Stoffbereiche wurden die jüdische Tradition (›Hebräische Melodien‹) sowie die Geschichte ferner Länder und ferner Zeiten (›Historien‹) erschlossen, womit sich der Autor in Distanz zum grauen Krankheitsalltag einen Fluchtweg aus dem Krankenzimmer eröffnete. Unübersehbar aber auch die Tigerkralle des Satirikers: Selbst die »klassischen«Balladen sind ironiedurchtränkt, oft mischt sich Zynismus hinein, wodurch der hohe, feierliche Ton, die falsche Würde des Gedichts heilsam irritiert wird. Heine selbst gab seinen neuen Gedichten das Epitheton »koloriert«, womit er die plastische Konkretheit, Farbigkeit und Derbheit der Texte ansprach, in denen er nicht selten bis an die Grenzen des in der konventionellen zeitgenössischen Lyrik Möglichen ging.

Da sich durch diverse, teils von Heine gesteuerte Berichte aus der »Werkstatt« des kranken Dichters kontinuierlich ein breites Interesse an der Person des Dichters und seinem neu-

> Zerschlagen ist die alte Leier,
> Am Felsen, welcher Christus heißt,
> Die Leier, die zur bösen Feier
> Bewegt war von dem bösen Geist.
> Die Leier, die zum Aufruhr klang,
> Die Zweifel, Spott und Abfall sang.
> O Herr, o Herr, ich kniee nieder,
> Vergib, vergib mir meine Lieder. (…)
>
> *Das »in einem baltischen Pfarrhause« aufgefundene Gedicht wurde*
> *1907 in der ›Reformierten Kirchenzeitung‹ veröffentlicht.*
> *Es handelt sich um eine Fälschung.*

en Werk aufgebaut hatte, konnte Campe im Erscheinungsjahr vier Auflagen des Buches mit zusammen 20 000 Exemplaren herstellen – eine für Heines Verhältnisse einmalig hohe Auflage. Der Vorrat hielt allerdings bis 1859. Aus seinem literarischen Umfeld, das von einer »eskapistischen Gefühlskultur« und dem »epigonalen Wiederaufleben spätromantischer (…) Formen und Motive« geprägt war, wie der Bologneser Heineforscher Alberto Destro urteilt, erhob sich der ›Romanzero‹ turmhoch. Allerdings vermochte die zeitgenössische Literaturkritik dies nur teilweise zu würdigen. Man tadelte die kräftigen, grellen Inhalte, die mitunter obszönen Bilder, aber auch den Prosacharakter mancher Gedichte. Die besonders durch den Zyklus der ›Historien‹ schimmernde zeitlos aktuelle politische Brisanz, Heines Kritik am spät- bzw. neoabsolutistischen System, wurde von den Rezensenten nicht erkannt oder mit Stillschweigen übergangen.

Sensibler reagierten wieder einmal die Staatsbehörden. Als erster Staat verbot Österreich das Buch. Das preußische Kriminalgericht zu Berlin entschied am 19. Februar 1852 »auf Vernichtung der Druckschrift ›Romanzero‹« – klageführender Oberstaatsanwalt war ausgerechnet ein Bruder von Heines Düsseldorfer Jugendfreund Christian Sethe. Die beschlagnahmten Exemplare wurden in Berlin in einem speziellen Ofen der Behörde verbrannt. Später folgten Verbote in Bayern, Württemberg und weiteren deutschen Teilstaaten. Zu diesem Zeitpunkt hatte Campe allerdings bereits 8000 Exemplare abgesetzt. Das erhebliche Honorar, das ihm der ›Romanzero‹ einbrachte, 12 000 Francs, weckte bei Heine den Willen, die materielle Bilanz seines Lebens entscheidend zu beeinflussen, ihr noch einen wesentlichen Nachtrag anzufügen, wobei er sich des Rats und der Hilfe des Bankiers Julius Homberg bediente. Aus dessen Auftragsbestätigungen und

Der Pfeil gehört nicht mehr dem Schützen, sobald er von der Sehne des Bogens fortfliegt, und das Wort gehört nicht mehr dem Sprecher, sobald es seiner Lippe entsprungen und gar durch die Presse vervielfältigt worden.

›Geständnisse‹

Kontoaufstellungen geht hervor, daß Heine in diesen Jahren manchen gewinnreichen Fischzug an der Börse machte. So kaufte er etwa Anfang 1852 zwanzig Aktien der Eisenbahnlinie Paris-Strasbourg für 8340 Francs, und als er diese Papiere anderthalb Jahre später wieder verkaufte, erlöste er dafür 18 978 Francs, d. h. sein Gewinn betrug über 100 Prozent. Damit ist freilich auch schon der dickste Brocken genannt. Andere Operationen brachten weit bescheideneren Gewinn, wieder andere gar Verlust. Auch soll nicht übersehen werden, daß es zumeist nur um relativ geringe Beträge ging. Zudem operierte Heine im allgemeinen mittel- bis langfristig, und es wäre völlig verfehlt, in ihm einen Spekulanten größeren Stils zu sehen.

In der Matratzengruft

Heines Krankenzimmer, das er selbst als »Matratzengruft«
bezeichnete, jenes »Grab ohne Ruhe«, war nach dem
Zeugnis seiner Besucher ein »düsteres, geheimnisvolles Ge-
mach, in dem man meistens keinen Laut vernahm. Nur spär-
lich durfte das Tageslicht eindringen, damit seine armen Augen nicht darunter litten.« »Eintretend stand ein enges Bett,
auf der linken Seite Platz für einen großen Korb neben der
Wand lassend, in welchen Heine, wenn er mit verschlossenen
Augen mit einem Bleistift auf Folio Bogen geschrieben hatte,
diese Papiere warf. Rechts befand sich ein Sofa, und mehr als
einmal sah ich die Magd ihn wie ein kleines Kind vom Bett
auf das Sopha tragen, um sein Lager etwas besser herzurich-
ten.« »Ein an der Wand hängender Thermometer gab beständig die tropische Hitze, deren der Kranke bedurfte, an.« Seine
Lagerstatt war ein »auf der Diele liegender Strohsack, mit
zwei sehr guten Matratzen«, über die ein Rehfell gebreitet
war. »Eine große spanische Wand, in chinesischem Stil, um-
gab das also hergerichtete Bett. (…) An den Wänden hingen
Bilder, darunter drei schöne Stiche von Leopold Robert.«
   Der gewöhnliche Tagesablauf des Kranken folgte festen Re-
geln: Morgens nahm Heine, sofern es sein Zustand erlaubte,
ein Bad. Dann hob ihn seine Wärterin wie ein Kind aus seiner
Bettstatt und setzte ihn in die Wanne. Danach wurde ein kräf-
tiges Frühstück serviert, das aus »feinem halbgebratenem
Rindfleisch«, »Früchten und mit Wasser und Zucker gemisch-
tem Bordeaux bestand. Das Essen war der einzige physische

Mein Verbrechen war nicht der Gedanke, sondern die Schreibart, der Stil.
Mein Freund Heinrich Laube hat einst diesen Stil ein literarisches Schieß-
pulver genannt. Es war in der Tat eine gute Erfindung, und die nach-
wachsende Generation, welche dieses Pulver nicht erfunden, hat wenigstens tüchtig damit zu knallen gewußt.

Entwurf zu ›Die Götter im Exil‹

Genuß, der ihm nicht versagt war.« Danach empfing der Patient die Besuche seiner Freunde, diktierte seinem Sekretär oder ließ sich vorlesen.

Jetzt, wo er nur noch »ein armer todtkranker Jude« war, »ein abgezehrtes Bild des Jammers, ein unglücklicher Mensch«, so sein Selbstportrait von 1849, fand Heine auch einen neuen Zugang zum Judentum, nahm er sein jüdisches Schicksal ausdrücklich an. Was ihm jahrzehntelang größtes Leid und größte Schmach bedeutet hatte, dazu bekannte er sich nun offen. Auf institutionelle Vermittlung konnte er dabei ebenso verzichten wie auf eine vorgegebene theologische Dogmatik. Sein wiedergefundener Gott war der Gott der Bibel, nicht der einer Kirche. Und was Heine in der Bibel fand, war keine Theologie, sondern zunächst die weltliche Gestalt eines Moses, den er als »Socialist« begriff, vor allem aber als Schöpfer des jüdischen Volkes, ja geradezu als Schöpfer des Gottes, der ihm manchmal nur wie der »zurückgestrahlte Lichtglanz des Moses selbst« vorkam. Was er in der Bibel neu entdeckte, waren ferner die Juden selbst in ihrer geschichtlichen Größe. Von dieser neuen jüdischen Identität getragen, wandte er sich wieder dem thematischen Bereich zu, an dem er im ›Rabbi von Bacherach‹ gescheitert war: Mit dem Fragment ›Jehuda ben Halevy‹ schuf er das Zentralgedicht der ›Hebräischen Melodien‹ des ›Romanzero‹. Jehuda deutete Heine als historische Bezugsfigur, in der sich für ihn die Lebens- und Schaffensbe-

57 Der leidende Heinrich Heine.
Bleistiftskizze von Ernest Benedikt
Kietz, 1851

dingungen des modernen Dichters spiegelten, Exil und Zerrissenheit; in seiner Person verschmolzen Judentum und Dichterexistenz aufgrund der Lebensprinzipien, die den Poeten wie den Juden gemeinsam waren, des Leidens und des Auserwähltseins.

Obwohl Heine aus taktischen Gründen nicht müde wurde zu beteuern, daß seine »zunehmende Krankheit« ihm nicht »erlaubte (…) viel zu arbeiten«, bewies er selbst in dieser Periode eine ungebrochene Produktivität. Gewiß gab es Tage, wo er, von Schmerzen erschöpft und von Morphium betäubt, keine Zeile verfassen konnte. Aber alles in allem half ihm die Kraft seiner Phantasie, den schmerzfreien Stunden einige seiner schönsten Schöpfungen abzuringen. Auch quantitativ ist beeindruckend, was in der »Matratzengruft« entstand: Allein 150 Gedichte waren es, die – mit Schwerpunkten zwischen Herbst 1848 und 1851 und 1854/55 – »kaum leserlich mit Bleistift aufs Papier« gekritzelt wurden. Anfang 1849 etwa verfaßte er einen ganzen Komplex politischer Gedichte in Knittel- und Volksliedversen, in denen er sich mit der gescheiterten Revolution auseinandersetzte, ab Anfang 1852 folgte eine Serie von zeitkritischen Fabeln, Ende 1852 machte er sich an das Versepos ›Bimini‹.

Aber auch in Prosa legte Heine in den Jahren der Krankheit quantitativ wie qualitativ Beachtliches vor: Im August/September 1851 machte er sich an die Redaktion der ›Erläuterungen‹ zum ›Doktor Faust‹, im November entwarf er die ›Vorrede‹ zur 3. Auflage der ›Neuen Gedichte‹, im Januar 1852 entstanden Bruchstücke zu den autobiographischen ›Ge-

So viel ist gewiß, daß ich in den letzten 3 Monaten mehr Qualen erduldet als jemals die spanische Inquisition ersinnen konnte. Dieser lebendige Tod, dieses Unleben, ist nicht zu ertragen, wenn sich noch Schmerzen dazu gesellen. … Wenn ich auch nicht gleich sterbe, so ist doch das Leben für mich auf immer verloren und ich liebe doch das Leben mit so inbrünstiger Leidenschaft. Für mich giebt es keine schönen Berggipfel mehr, die ich erklimme, keine Frauenlippe, die ich küsse, nicht mal mehr ein guter Rinderbraten in Gesellschaft heiter schmausender Gäste; meine Lippen sind gelähmt wie meine Füße, auch die Eßwerkzeuge sind gelähmt ebensosehr wie die Absonderungskanäle. Ich kann weder kauen noch kacken, werde wie ein Vogel gefüttert. Dieses Unleben ist nicht zu ertragen.
Brief an den Bruder Maximilian, 12. September 1848

ständnissen‹, anschließend unterzog er seine Pariser Korrespondenzen der 40er Jahre mit Hinblick auf die geplante
Buchveröffentlichung einer ersten Redaktion; zwischendurch
schrieb er noch die ›Vorrede zur zweiten Auflage‹ des zweiten ›Salon‹-Bandes. Ende 1852 setzten fast gleichzeitig die
erste durchgehende Arbeitsphase an den ›Geständnissen‹
und an den ›Göttern im Exil‹ ein. Im Januar 1854 begann er
mit der Arbeit an den ›Memoiren‹, ab Dezember widmete er
sich dem Projekt einer französischen Gesamtausgabe, wovon
im Februar 1855 als erster Band ›De l'Allemagne (Nouvelle
édition)‹, als zweiter Band im April ›Lutèce‹ und drei Monate
nach seinem Tod die noch von ihm bearbeiteten ›Reisebilder.
Tableaux de voyage. Nouvelle édition‹ in zwei Bänden erschienen.

All das geschah unter erschwerten Arbeitsbedingungen,
denn mit Feder und Tintenfaß konnte Heine auf seinem Lager
nur noch in Ausnahmefällen hantieren. Ernst Kossak berich-
tet für das Jahr 1854: »Neben seinem Bette liegt ein Päckchen
loser Blätter im Oktavformat, und etwa zwanzig zugespitzte
Fabersche Bleistifte. Wenn sich Heine aufgelegt und stark genug zum Arbeiten fühlt, beschreibt er die Blätter mit dicken
halbzollgroßen Buchstaben, und wechselt die Bleistifte, wenn
sie stumpf geworden sind.«

Einen Großteil seiner Energie konnte Heine allerdings nicht
auf seine eigentliche schöpferische Arbeit verwenden. Angesichts des nahen Todes war er darauf bedacht, auch sein literarisches Nachlaßkapital zu bearbeiten. Zum einen wollte
er sicherstellen, daß seiner Witwe aus einer Verwertung aus-
reichende Einkünfte zuflössen, zum andern seinen literarischen Nachruhm vor unbefugten Nachdrucken anonym er-
schienener Texte oder auch gegenüber »offenen« Fragen wie
der umstrittenen französischen Staatspension sichern. Heine

Warum muß der Gerechte so viel leiden auf Erden? Warum muß Talent
und Ehrlichkeit zugrunde gehen, während der schwadronierende Hans-
wurst sich räkelt auf Pfühlen des Glücks und fast stinkt vor Wohlbeha-
gen?

Nachruf auf Ludwig Marcus, 1844

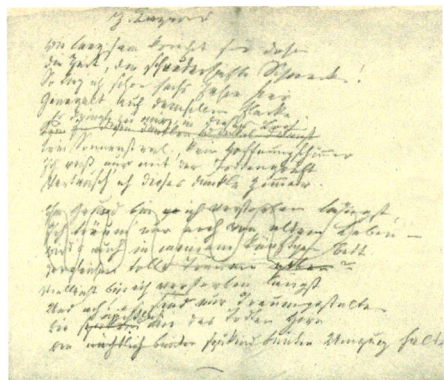

58 Gedichtmanuskript
›Zum Lazarus‹, ca. 1853

wollte korrigieren, richtigstellen, steuern, Antworten parat
halten auf Fragen, welche die Nachwelt an sein Leben und
Wirken stellen mochte. Da er obendrein unbequemen Fragen
gleich von vornherein entgehen, sich und die engste Familie
vor unangenehmen Nachforschungen und Indiskretionen be-
wahren wollte, vernichtete er in mindestens drei Aktionen
zahlreiche Briefe und private Dokumente.

Aus der Menge der in Zeitungen und Zeitschriften ver-
streuten und seitdem nicht wieder gedruckten Publikationen
stellten die Pariser Korrespondenzen der vierziger Jahre das
wichtigste literarische Kapital dieser Art dar, das es zu versil-
bern und zugleich im Sinne der Nachlaßsicherung zu »retten«
galt. Im Sommer 1852 unterbreitete Heine seinem Hamburger
Verleger den Plan eines Buches, »welches Blüthe und Frucht,
die ganze Ausbeute meiner Forschungen während einem
Vierteljahrhundert in Paris sein wird«. Durch die künstleri-
sche Kombination photographisch genauer Momentaufnahmen aus dem Paris der 1840er Jahre, dem Zusammenspiel

> Wie langsam kriechet sie dahin
> Die Zeit, die schauderhafte Schnecke!
> So lieg ich schon sechs Jahre hier
> Genagelt auf demselben Flecke. […]
>
> *Gedichtmanuskript ›Zum Lazarus‹, ca. 1853*

zahlreicher Perspektiven auf einen in sich vielschichtigen Gegenstand – »Politik, Kunst und Volksleben« – wollte Heine eine spezifische journalistische Zeitgeschichtsschreibung befördern, in der sich Totalität, also das Leben in charakteristischer
Vielfalt, und Selektivität verbanden. Die vielfache perspekti-
vische Brechung des politischen und kulturellen Zeitgesche-
hens, die beharrliche Spurensuche Heines nach den »Signatu-
ren« des Zeitgeistes und die formale Meisterschaft in der
Ausführung der historischen Momentaufnahmen machen die
polyphone, Politik, Kultur und Geschichte ineinander ver-
schränkende Stadtdarstellung zum Musterbuch journalistischer Prosa in der liberalen Epoche vor der Revolution von
1848.

Als Honorar verlangte Heine dasselbe, was schon für den
›Romanzero‹ vereinbart worden war: 6000 Bankomark. Campe seinerseits wollte höchstens ein Drittel dieser Summe geben. Nach äußerst zähen und langwierigen Verhandlungen
kam es im Frühjahr 1854 zu einer Einigung. Zuvor hatte Heine den Umfang des Projekts erheblich erweitert: Es umfaßte
nunmehr drei Bände, deren erster einen Zyklus neuer ›Gedichte. 1853 und 1854‹, ›Geständnisse‹ sowie ›Götter im Exil‹
enthielt, während die beiden anderen unter dem Titel ›Lutezia‹ die ergänzten Zeitungsartikel sammelten. Diese ›Ver-
mischten Schriften‹ wurden zu einer der wichtigsten Verlags-
transaktionen in Heines Laufbahn. Wie schon zuvor mit dem
›Romanzero‹ gelang dem sterbenskranken Heine, was ihm
während seiner ganzen gesunden Periode nicht vergönnt gewesen war: durch literarische Arbeit so viel zu verdienen,
daß er allein hierdurch seinen gewohnten Lebensstil hätte be-
streiten können.

Dabei ging es freilich nicht mehr um diesen Lebensstil, sondern um die materielle Zukunft Mathildes, des »dicken

Ich bin für die Autonomie der
Kunst; weder der Religion noch
der Politik soll sie als Magd dienen, sie ist sich selber letzter
Zweck, wie die Welt sich selbst.
       ›Über die französische Bühne‹

Kinds«, die er finanziell durch das Ansparen von Kapital absicherte, von dessen Zinsen sie unbesorgt leben konnte. In ihrem und nicht in seinem Interesse geschah es, daß Heine seit 1852 regelmäßig bei reichen Gönnern um einen »Bissen« anklopfte, in ihrem Interesse begann er in den allerletzten Lebensjahren, die ihm über seinen Bedarf hinaus zufließenden Beträge an der Börse zu investieren. Es mag allerdings sein, daß sich die energische, mit Macht betriebene Auseinandersetzung um Geld – zumindest für Heine selbst – lediglich mit der Fürsorgepflicht maskierte, bedeutete sie doch immer auch Anerkennung und Belohnung seiner schriftstellerischen Leistungen wie auch seines Verhandlungsgeschicks.

Das finanzielle Ergebnis des Wettlaufs mit dem Tode war beachtlich: Es gelang Heine nicht nur, seine 1851 geäußerte Befürchtung, er »werde glücklich genug seyn«, wenn er Mathilde »nicht Schulden hinterlasse«, nicht Wirklichkeit werden zu lassen, sondern er vermochte sie genau in ihr Gegenteil zu verkehren: Als er starb, standen auf der Haben-Seite Aktien und Wechsel im Wert von ca. 55150 Francs einem Bankpassiv von ungefähr 10000 Francs gegenüber. Rechnet man zu diesen ca. 45000 Francs noch den Kapitalwert der aus dem Verkauf der literarischen Rechte an Campe resultierenden Rente von 1200 Bankomark dazu, so ergibt sich bei einem durchschnittlichen Kapitalzins von vier bis fünf Prozent ein von der Hamburger Familie unabhängiger Aktivsaldo von 90–100000 Francs (nach heutigem Wert ca. 1,3 Millionen DM), zu welchem noch der Wert des eigentlichen literarischen Nachlasses dazuzuschlagen wäre: 1869 erhielt Mathilde allein für einen Teilverkauf 10000 Francs. Heine war bei seinem Tod also keineswegs ein armer Mann. Wenn er auch nicht zu den 0,8 % Großbürgern gehörte, die bei einem Vermögenswert von ca. einer halben Million Francs anfingen, so weist ihn sei-

Meine Frau führt sich sehr gut auf, erheitert mich so gut es geht und hat eine so laute Stimme, daß ich kaum mein eigenes Wort in diesem Augenblick höre. Sie hat das ganze Kapital ihrer Ersparnisse, das sie bei mir hatte 600 fr. zu einem Kaschemir verwendet; dieser Schawl kleidet sie ganz vortrefflich und gibt ihrem dicken Hintern einen sehr imposanten Anblick.

An Gustav Heine, 15. November 1851

ne eigene Hinterlassenschaft doch der oberen Hälfte des mittleren Bürgertums zu. Unter 100 Einwohnern von Paris stand Heine dem von ihm hinterlassenen Vermögen nach ungefähr an vierter Stelle – ein Resultat, das angesichts der vielen finanziellen Fehlschläge in Heines Leben paradox erscheinen mag.

Längst wußte Heine, daß seine Krankheit unheilbar und sein Tod nur eine Frage weniger Jahre war. Am 13. November 1851 errichtete er sein rechtsgültiges Testament, im Dezember 1853 erteilte er seiner Frau Bankvollmacht. 1855 ließ er noch einmal seine Geschwister Gustav und Charlotte kommen, um sich »dadurch einen großen Trost zu der ewigen Reise zu bereiten«. So krank er auch war, sorgfältig registrierte er jede Veränderung des Interesses an seiner Person und hatte selbst für groteske Begleiterscheinungen noch einen witzigen Kommentar parat. Weil er insbesondere für deutsche Hauptstadttouristen eine Pariser Sehenswürdigkeit geworden war, schrieb er am 6. Dezember 1855 an seinen französischen Verleger Lévy: »Ich war dieser Tage so krank, daß einige deutsche Landsleute, die nach Paris gekommen sind, um die Ausstellung zu sehen, ihre Rückkehr nach Deutschland verzögert haben, in der Hoffnung, meinem Begräbnis beiwohnen zu können; sie sind nicht auf ihre Kosten gekommen«.

Heines letzte Lebensmonate waren angefüllt mit der Arbeit an den ersten Bänden einer französischen Gesamtausgabe, die zwischen 1855 und 1885 bei Lévy erschien, und mit Überlegungen zu einer englischen Gesamtausgabe. Nächtelang saß er schreibend und korrigierend im Bett. Im Juni 1855 wandte sich, aus herzlicher »Begeisterung« für den Dichter, eine jun-

Mein Leib liegt todt im Grab, jedoch
Mein Geist er ist lebendig noch
Und wohnt gleich einem Hauskobolde
In deinem Herzchen, meine Holde.

Vergönn das traute Nestchen ihm,
Du wirst nicht los das Ungethüm,
Du wirst nicht los den kleinen Schnaphahn,
Und flöhest du bis China, Japan!

Für die »Mouche«

ge »Landsmännin« an Heine. Ihren Brief an Heine unterzeichnete sie mit »Margareth«, erst später gab sie ihren wahren Namen preis: Elise Krinitz. Das Geheimnis ihrer Herkunft ist erst jüngst von Menso Folkerts gelüftet worden. Geboren war sie 1825 in Sachsen als Tochter eines verarmten Tuchmachermeisters, der sie nach dem Tod ihrer Mutter im Kindbett zur Adoption freigab. Elises Pflegeeltern waren

der aus Bautzen stammende, seit dem Jahr 1822 in Paris ansässige Exportkaufmann Adolph Krinitz und seine Frau Emilie. Mit 19 Jahren trat sie in Paris als Pianistin auf, später wechselte sie zum Journalismus. Als angehende Femme de lettres, die von Übersetzungen und literarischen Arbeiten leben wollte, erhoffte sie sich von dem weltberühmten Dichter zweifellos ein wenig Protektion.

Weil Heine zur Zeit ihres ersten Besuchs gerade ohne Sekretär war, beschäftigte er Elise hinfort mit mancherlei Schreib- und Übersetzungsarbeiten sowie als Vorleserin. Und er verliebte sich auf Anhieb in die etwas kränkelnde, sanftäugige Blondine, nach der er sich schon lange gesehnt zu haben vorgab. Nach dem Emblem ihres Siegelrings nannte er sie, die fortan wie ein erotischer Schmetterling seine letzten Lebensmonate umflatterte, »Mouche«, Fliege. Die letzten Gedichte, die der todgeweihte Dichter krakelig mit Bleistift auf große Foliobögen schrieb, waren Liebesgedichte, die er ihr widmete.

59 Die »Mouche«. Phantasie-Portrait eines unbekannten Künstlers

Noch einmal produzierte der luzide Geist des sterbenskranken Dichters Gedichte der Sehnsucht und des Schmerzes, voll bitterer Selbstironie und nicht ohne frivolen Witz. Wiederum war es eine unmögliche Liebe, die Heines Poesiemaschine in Gang setzte.

Anfang Februar 1856 befiel Heine eine große Schwäche; erst am 13. Februar, einem Mittwoch, konnte er wieder in gewohntem Umfang arbeiten. »Volle sechs Stunden« saß er über den letzten Korrekturen zur Neuausgabe von ›Reisebilder. Tableaux de voyage‹; seine Krankenpflegerin Catherine, die ihn aufforderte, sich Ruhe zu gönnen, wies er mit den Worten ab: »Ich habe nur mehr vier Tage Arbeit, dann ist mein Werk vollendet«. Am folgenden Tag überkam ihn eine heftige Migräne, abends stellte sich Erbrechen ein, das den hinfälligen Körper noch mehr schwächte, vermutlich eine Folge der hochdosierten Narkotika. Freitag morgen schickte die Pflegerin nach Dr. Gruby, einem für seine unkonventionellen Heilmethoden bekannten Generalisten, der Heine seit Jahren und zuletzt ganz allein behandelte. Weil er nicht zu Hause war, wurde ein alter Arzt aus der Nachbarschaft gerufen, der dem Kranken halbstündlich mit einem Beruhigungsmittel versetzten Orangenblütentee und Heilwasser verschrieb. Erst am Abend kam Gruby, der sofort eine andere Therapie, andere Medikamente und Eisumschläge auf den Magen anordnete. Daraufhin stabilisierte sich Heines Verfassung, aber eine Besserung wollte sich nicht mehr einstellen, und daher verhehlte Gruby seinem Patienten auch nicht die Rettungslosigkeit seines Zustandes.

Im Laufe des Samstag nahmen die Brechanfälle zu. Am Nachmittag rief Heine dreimal seine Pflegerin, um ihr zu diktieren, jedesmal flüsterte er ihr zu: »Schreiben«. Aber seine Worte waren so unverständlich, daß sie, um ihm die Anstren-

Doch zuletzt begriff ich Alles! Und ich begriff auch daß Er von seinen 8jährigen Qualen endlich befreit. Er hatte mich Einmal gefragt ob ich den Muth haben würde ihn nach dem Tod zu sehen – und da trat ich herein, kniete neben der theuren, theuren Leiche und küßte ihr die schon Marmorkalte Wange! Den selben Morgen um 5 Uhr war unser Heine gestorben! Oh nein – nicht gestorben, nur zurückgekehrt zu dem sonnigen Olymp – sein wahres Vaterland!

Elise Krinitz an Alfred Meißner, Paris 2. März 1856

gung des Wiederholens zu ersparen, immer nur bestätigend
»Ja« sagte. Als sie, die ihm fortwährend Mut gemacht und ihn
nach Kräften getröstet hatte, meinte, er werde, sobald seine
Brechanfälle aufhörten, »selbst schreiben«, entgegnete Heine:
»Ich werde sterben«. Dann verlangte er erneut »Papier – Blei-
stift«. Bis zuletzt war er »noch bei vollem Bewußtsein«. In der
Nacht zum Sonntag nahm die Schwäche zu. Am 17. Februar
um 4 Uhr 45 Minuten starb Heinrich Heine.

Still, prunklos, ohne religiöses Zeremoniell und ohne eine
einzige Traueransprache, fand am kalten und nebligen Morgen des 20. Februar 1856 auf dem Friedhof Montmartre die
Beerdigung statt. Es war nur ein kleines Häuflein Trauergä-
ste, das sich eingefunden hatte, überwiegend Deutsche. Die
Familie war lediglich durch Joseph Cohen, den Mann von
Heines Cousine Reyne, vertreten. Auch Alexandre Dumas
und Théophile Gautier waren gekommen. Tags zuvor hatte
der Gipsformer Joseph Fontana die Totenmaske abgenommen.

60 Heine auf dem Totenbett. Ge-
tuschte Bleistiftzeichnung von Selig-
mann

61 Heines Totenmaske

Dreieinhalb Jahre nach ihrem Sohn starb Betty Heine, am selben Tag mit ihrer Gesellschafterin, in Hamburg an der Cholera. Mathilde Heine überlebte ihren Gatten um volle 27 Jahre. Nach seinem Tod hat sie nicht mehr geheiratet. In den letzten Jahren war sie wegen rheumatischer Beschwerden und enormem Übergewicht auf den Rollstuhl angewiesen. 1882 zog sie mit ihrer Freundin und Pflegerin Pauline Rogue in die rue Passy. Dort stand sie am 17. Februar 1883, dem Todestag ihres Gatten, am Fenster, als sie plötzlich, »vom Schlagfluß getroffen, todt zur Erde sank«. Offiziell hinterließ sie ein Vermögen in Höhe von 16 785 Francs 35 Centimes. Die Grabstelle an der Seite ihres Henri auf dem Friedhof Montmartre war für sie schon seit Jahren reserviert. Als »Madame Henri Heine« wurde sie hier beerdigt – über den Tod hinaus ein Signal, daß ihre Identität darin bestand, die Frau an Heines Seite gewesen zu sein.

Solche Masken verleiden uns die Erinnerung an unsere Lieben! Wir glauben in diesem Gipse sei noch etwas von ihrem Leben erhalten, und was wir darin aufbewahrt haben, ist doch ganz eigentlich der Tod selbst. Regelmäßige schöne Züge bekommen hier etwas grauenhaft Starres, Verhöhnendes, Fatales, wodurch sie uns mehr erschrecken als erfreuen. Wahre Karikaturen aber sind die Gipsabgüsse von Gesichtern, deren Reiz mehr von geistiger Art war, deren Züge weniger regelmäßig als interessant gewesen; denn sobald die Grazien des Lebens darin erloschen sind, werden die wirklichen Abweichungen von den idealen Schönheitslinien nicht mehr durch geistige Reize ausgeglichen. Gemeinsam ist aber allen diesen Gipsgesichtern ein gewisser rätselhafter Zug, der uns, bei längerer Betrachtung, aufs unleidlichste die Seel durchfröstelt; sie sehen alle aus wie Menschen, die im Begriffe sind einen schweren Gang zu gehen.

›Florentinische Nächte‹

Die Wunde Heine

Könnte man nur von dem viele Jahrzehnte währenden Denkmalstreit und der von verstockten Professoren der Medizinischen Fakultät mehr als 20 Jahre lang verweigerten Benennung der Universität Düsseldorf nach der Stadt größtem Sohn absehen, läse sich die Geschichte von Heines Wirkung und Nachwirkung als Erfolgsstory. Und in gewissem Sinne waren ja auch diese abwehrenden Vorbehalte letztlich nur Ausdruck der anhaltenden Aktualität des Dichters, der bereits in den 1840er Jahren zu den bekanntesten Schriftstellern Europas gehörte. Jahr für Jahr mehr als 250 Notizen und Rezensionen haben emsige Rezeptionsforscher bereits in den ersten Dezennien seines europäischen Ruhmes nachgewiesen; eine Zahl, in der Nachdrucke und Übersetzungen noch nicht einmal berücksichtigt sind. Mit der von Adolf Strodtmann bei Hoffmann & Campe in hohen Auflagen herausgegebenen Gesamtausgabe seiner Werke wurde dann ab 1861 die Grundlage zu einer Einbürgerung Heines in die Nationalliteratur geschaffen. Daß sich ein solches Unternehmen dennoch als problematisch erwies, sollten die weiteren Etappen der Wirkungsgeschichte illustrieren.

Überblickt man die große Gewichtsverteilung dieser Rezeption, so blieb Heine im deutschen Kulturraum während des 19. Jahrhunderts vornehmlich der Dichter des ›Buchs der Lieder‹. Trotz der beachtlichen Anfangserfolge konnten sich weder die ›Reisebilder‹ noch die ›Neuen Gedichte‹ oder der ›Romanzero‹ auf längere Sicht gegenüber der frühen Lyrik

> Die Zukunft riecht nach Juchten, nach Blut, nach Gottlosigkeit und nach sehr vielen Prügeln. Ich rate unsern Enkeln, mit einer sehr dicken Rückenhaut zur Welt zu kommen.
>
> ›Lutezia‹

durchsetzen. Was das breite bürgerliche Lesepublikum am
›Buch der Lieder‹ schätzte, war – verkürzt gesagt – vor allem
eine sentimentale Innerlichkeit, über deren innere Brüche
man um so eher hinwegsah, als man selbst noch mit der eigenen gesellschaftlichen Rollenfindung beschäftigt war. Erst die
neoromantische Neubesinnung zu Ende des Jahrhunderts ließ
das Interesse an dieser Art von doch eher mittelbarer Lyrik
abflauen – zugunsten einer Entdeckung des Sprachartisten
Heine, des Dichters des ›Wintermährchens‹ und der kritisch-
humoristischen ›Reisebilder‹.

Parallel dazu verschärfte sich ab der Reichsgründung die
ideologische Fehde um Heine, zumal als sich 1888, 1906 und
erneut im Jahr 1929 namhafte Persönlichkeiten aus aller Welt
für die Errichtung eines Heine-Denkmals einsetzten. Die diversen Spendenaufrufe lokaler und überregionaler Initiativen, an denen sich weite Teile der bürgerlichen Intelligenz
beteiligten, stießen auf erbitterten Widerstand nationalistisch-
konservativer Kreise, die letztlich die Oberhand behielten. Einen Höhepunkt erreichte die öffentliche Auseinandersetzung
im Jahr 1906, als Adolf Bartels sein antisemitisches Pamphlet
›Heinrich Heine. Auch ein Denkmal‹ veröffentlichte. Mit diesem »Kampfmaterial« sollte Heines »ästhetisch-literarische
Position endgültig erschüttert« werden. Zur selben Zeit war
im ›Grazer Wochenblatt‹ zu lesen, Heine sei »der jüdische
Schmutzfink im deutschen Dichterwalde«, in ihm würden sich
»alle Auswüchse der semitischen Rasse zusammendrängen.«
»O der Schmach, wenn das Standbild des Bänkelsängers jener
abscheulichen Schloßlegende, des Beschimpfers der Hohenzollern mit hohngrinsender Judenfratze auf die Zollernburg
herabsähe! Das darf doch nimmermehr geschehen.« Und der
Frankfurter Pfarrer an der Paulskirche und deutschnationale
Publizist Julius Werner erklärte auf einem Diskussionsabend,

Leb wohl, deutsche Heimat,
Land der Rätsel und Schmerzen;
werde hell und glücklich.
Testament. Fassung von 1846

»Heines Sprache sei nicht deutsch, sondern jüdisch, denn in der Loreley heiße es: ›Ich weiß nicht was soll es bedeuten‹, während es doch lauten müsse: ›Ich weiß nicht was es bedeuten soll‹.«

Das Arsenal der ins Feld geführten Argumente war im Grunde schon durch die frühe Heine-Rezeption vorgebildet. Neu war nur die beispiellose Schärfe des Tons, die Radikalisierung der rassistischen Verunglimpfung. Bemerkenswert erscheint dabei die Kontamination von ästhetischer und ideologischer Argumentation. Umgekehrt wurde der »Weltbürger« Heine zur Legitimationsfigur einer minoritären liberalen, ab der Jahrhundertwende dann sozialistischen Literaturauffassung aufgebaut.

Mit der Heraufkunft des Nationalsozialismus verstärkte sich der nationalistisch-antisemitische Strang der Heine-Rezeption. Alle Argumente standen griffbereit, die dann der Bücherverbrennung, Denkmalzerstörung und Austreibung Heines Vorschub leisteten. Für »das Schwein vom Montmartre« (so der nationalsozialistische ›Stürmer‹ 1925), den »Schädling und Seelenverwüster unseres deutschen Volkes« war in der deutschen Literatur, von der ihn als Jude angeblich eine »abgrundtiefe Artverschiedenheit« trennte, kein Platz mehr. In einem blutrünstigen »Wehrwolf«-Liederbuch aus dem Jahr 1932 (ein Jahr später wurde der rechtsextreme Verband der

62 Karikatur von Adolf Münzer in der Zeitschrift ›Jugend‹, 1905

SA eingegliedert) war die ›Loreley‹ ohne Verfasserangabe als »Volkslied« abgedruckt – eine unbeabsichtigte Würdigung der Volkstümlichkeit des »Literaturjuden«. Das Heine-Bild zog in die äußere und innere Emigration.

Die ideologische Spaltung der Nachkriegszeit spiegelte sich naturgemäß auch in der Heine-Beurteilung. Im Anschluß an Marx und Engels, Franz Mehring und Georg Lukács beanspruchte die DDR Heine für das kulturelle »Erbe«. Seine Schriften wurden wiederaufgelegt und in hohen Auflagen vertrieben. In der Bundesrepublik dagegen blieb Heine zunächst in einer Zeit existentialistisch-ontologischer Literaturbetrachtung aus dem gängigen Literaturkanon ausgeblendet. Erst im Zuge der Studentenbewegung kam ab Mitte der sechziger Jahre eine Neubewertung in Gang. Die Heine-Abstinenz der Adenauer-Restauration erschien nun als Indiz mangelnder Vergangenheitsbewältigung. Damit erwies das Heinesche Werk erneut seine alte ideologische Sprengkraft.

Die außerdeutsche Heine-Rezeption ist schon früh in Gang gekommen, insbesondere in Frankreich, England und den USA, aber auch in Rußland, Italien, Ungarn, Spanien, den Niederlanden und Japan. Hier gilt Heine heute als tiefgründigster und geistreichster Analytiker der Zwangsvorstellungen seines Heimatlandes und als Kronzeuge für ein freiheitliches, demokratisches und friedfertiges Deutschland. Vor allem dem französischen Leser lieferten Heines Deutschland- wie seine Frankreichschriften seit jeher aktualisierbares historisches Anschauungsmaterial. Man konnte ihn in Frankreich naturalisieren, weil er im Grunde französisch dachte und schrieb, gegen die »Teutomanie« und für deutsch- französische Verständigung

63 Mit 44 gegen 41 Stimmen wurde am 10. Februar 1982 in Düsseldorf der Name »Heinrich-Heine-Universität« vom Konvent abgelehnt.

kämpfte. Insbesondere in Zeiten krisenhafter Zuspitzung wie im deutsch-französischen Krieg von 1870/1871, dem Ersten und Zweiten Weltkrieg war diese Sichtweise von Bedeutung, erschien Heine doch als Repräsentant eines anderen, besseren Deutschlands, der selbst unter dem Nationalismus und Chauvinismus in seiner Heimat zu leiden gehabt und darum in Frankreich Zuflucht gesucht hatte.

Nicht nur in Frankreich ist Heines internationales Ansehen oft gegen die deutschen Querelen ausgespielt worden. Sein Wirken wurde auch allgemein als glänzendes Beispiel für die fruchtbare Vermittlung zwischen den Kulturen, für die produktive Umsetzung kultureller Differenz angesehen. An seinem Werk, das sich – genau betrachtet – aus dem spannungsvollen Neben- und Übereinander von deutscher, französischer und jüdischer kultureller Erfahrung speist, lassen sich sowohl die Widerstände aufzeigen, die dem grenzüberschreitenden Verkehr von Literatur und Denken entgegenstehen, wie auch die produktiven Funken, die ein solcher Kulturtransfer zu schlagen vermag.

Für die Rezeption durch das breite Publikum in aller Welt brachte jüngst die

64 Mathilde (oben) und Heine (unten) als Helden eines japanischen Heine-Comics. Titelblatt aus der Reihe ›Romantic Histories of the World‹ des Kodansha-Verlags, Tokio

deutsche Einigung von 1989 neue Impulse. Wieder einmal be-
wahrheitete sich der alte Zusammenhang, wonach Heine immer dann als aktuell begriffen wird, wenn man außerhalb
Deutschlands über dessen Beziehungen zu seinen Nachbarn
in Vergangenheit und Zukunft nachdenkt oder nach Deutschlands Rolle in der Weltgeschichte fragt. Auch in dieser Hinsicht erweist sich, daß die internationale Rezeption Heines
die Funktion eines Seismographen ausüben kann, der mit hoher Sensibilität die unterschwelligen Verschiebungen und
Verwerfungen im Verhältnis zu Deutschland anzeigt.

Charakteristisch für Heine ist die Kombination von geist-
voller Tiefe und befreiendem Gelächter. Genau damit lassen
sich selbst heikelste Fragen besser angehen als mit einschich-
tig-linearen Zuordnungen oder plakativer Schwarzweißmale-
rei. Wie kein anderer deutschsprachiger Autor steht er für die
Verbindung von Kunst und Courage, Schönheit und Wahrheit, Esprit und Witz, künstlerischer Autonomie und gesell-
schaftlichem Engagement; für Aufklärung, Toleranz und for-
schende Neugier auf das Fremde, für Weltbürgertum und
Menschenrechte; für Romantik und die »Partei der Rosen und
Nachtigallen«. Vielleicht wird der Düsseldorfer Europäer deshalb tatsächlich, wie Georg Weerth 1849 mutmaßte, als »einer
der wenigen Poeten alle Revolutionen der Welt überleben«.

Zeittafel

1797 Am 13. Dezember (Datum
unsicher) wird Harry Hei-
ne in Düsseldorf geboren.
Eltern: Textilkaufmann
Samson Heine aus Hanno-
ver (1764–1828) und Betty
(Peira) van Geldern aus
Düsseldorf (1771–1859).
Geschwister: Charlotte
(Sarah, ca. 1802–1899), Gu-
stav (Gottschalk, ca.
1803–1886), Maximilian
(Mayer, ca. 1804–1879).
Kindheit und Schulbesuch
in Düsseldorf.

1815 Aufenthalt in Frankfurt
am Main: Kaufmännische
Praktika im Bankhaus
Rindskopf und bei einer
Kolonialwarenhandlung.

1816 Als Lehrling im Bankhaus
Heckscher & Co. des On-
kels Salomon Heine (1767–
1844) in Hamburg.

1817 Erste Gedichtveröffentli-
chungen in der Zeitschrift
›Hamburgs Wächter‹.

1818 Provisorische Aufnahme
in die Jüdische Gemeinde.
Eröffnung des Kommissi-
onsgeschäfts ›Harry Heine
& Comp.‹ für in Düssel-
dorf nicht abgesetzte
Waren.

1819 Liquidation der Firma,
Rückkehr ins Elternhaus.

Immatrikulation an der
Universität Bonn (Jura
und »Cameralia«), Auf-
nahme in die Burschen-
schaft.

1820 Exmatrikulation in Bonn
und Immatrikulation an
der Universität Göttingen.
Einsemestriger Univer-
sitätsverweis durch das
Universitätsgericht auf-
grund einer Duellforde-
rung. Aufenthalte in
Hamburg und Oldesloe.

1821 Immatrikulation an der
Universität Berlin.
›Gedichte‹ (1822, Berlin,
Maurersche Buchhand-
lung).

1822 Aufnahme in den ›Verein
für Cultur und Wissen-
schaft der Juden‹. Reise ins
preußische Westpolen.

1823 ›Tragödien, nebst einem
lyrischen Intermezzo‹ (er-
schienen bei Dümmler in
Berlin). Übersiedlung nach
Lüneburg. Aufenthalte in
Hamburg, Cuxhaven und
Ritzebüttel.

1824 Erneute Immatrikulation
an der Universität Göttingen. Vertieftes Studium
der Jurisprudenz. Aufent-
halt in Berlin. Harzwande-
rung.

1825 Juristisches Examen. Protestantische Taufe in Heiligenstadt auf den Namen Christian Johann Heinrich. Abschluß der Promotion zum Dr. juris (Gesamtnote: 3), anschließend nach Norderney, dann zu den Eltern nach Lüneburg. Übersiedlung nach Hamburg.

1826 ›Reisebilder‹, 1. Teil (erschienen bei Hoffmann & Campe in Hamburg). Aufenthalte in Cuxhaven und Ritzebüttel, dann auf Norderney. Aufenthalt in Lüneburg.

1827 Rückkehr nach Hamburg. Reise nach England. ›Reisebilder‹, 2. Teil (Hamburg, Hoffmann & Campe). Aufenthalte in Brighton, Margate und Ramsgate. Über Tilburg, Rotterdam, Leyden und Amsterdam nach Norderney. Rückkehr nach Hamburg. ›Buch der Lieder‹ (Hamburg, Hoffmann & Campe). Übersiedlung nach München. Journalistische Tätigkeit für die ›Neuen allgemeinen politischen Annalen‹ (als Mitredakteur) und andere Zeitschriften des Verlags J. G. Cotta.

1828 Durch Fürsprache des bayrischen Ministerialrats (späteren Innenministers) Eduard von Schenk und des Verlegers Cotta beim bayrischen König Ludwig I. betreibt Heine seine Anstellung als außerordentlicher Professor an der Universität München. Reise nach Italien u.a. mit den Stationen Innsbruck, Trient, Verona, Mailand, Genua, Livorno, Lucca, Florenz und Venedig. Tod des Vaters, Rückkehr nach München.

1829 Ankunft in Hamburg. Übersiedlung nach Berlin. Übersiedlung nach Potsdam. Rückkehr nach Hamburg. Auf Helgoland. ›Reisebilder‹, 3. Teil (Hamburg, Hoffmann & Campe)

1830 Übersiedlung nach Wandsbek. Auf Helgoland. Bemühung um eine Stelle als Ratssyndikus in Hamburg.

1831 ›Nachträge zu den Reisebildern‹ (Hamburg, Hoffmann & Campe). Nach Zwischenaufenthalt in Frankfurt am Main. Übersiedlung nach Paris. Aufenthalt in Boulogne-sur-Mer. Beginn der Korrespondententätigkeit für Cottas ›Allgemeine Zeitung‹ (zunächst bis 1832).

1832 Aufenthalt in der Normandie. ›Französische Zustände‹ (Hamburg, Hoffmann & Campe).

1833 ›Zur Geschichte der neueren schönen Literatur in Deutschland‹, I–II (Paris und Leipzig, Heideloff und Campe). ›De la France‹ (Paris, Renduel). ›Vor-

rede‹ zu den ›Französi-
schen Zuständen‹ (Paris:
Heideloff und Campe).
Aufenthalt in Boulogne-
sur-Mer. ›Der Salon‹,
Band 1 (Hamburg, Hoff-
mann & Campe).

1834 ›Tableaux de Voyage‹, I–II
(Paris, Renduel). Beginn
der engeren Beziehung zu
Augustine Crescence Mirat
(1815–1883), die als »Ma-
thilde« Heines Lebensge-
fährtin und Ehefrau wird.

1835 ›Der Salon‹, Band 2 (Ham-
burg, Hoffmann & Cam-
pe). ›De l'Allemagne‹, I–II
(Paris, Renduel). Aufent-
halt in La Jonchère (bei
Rueil) auf dem Schloß der
Fürstin Belgiojoso. Aufent-
halt in Boulogne-sur-Mer.
›Die romantische Schule‹
(Hamburg, Hoffmann &
Campe). Totalverbot der
literarischen Avantgarde
(»Junges Deutschland«)
mit namentlicher Nen-
nung von Heine, Laube,
Gutzkow, Wienbarg,
Mundt durch die Deutsche
Bundesversammlung (an
wesentliche Bedingungen
geknüpfte Rücknahme im
Februar 1842).

1836 Offener Brief ›An eine hohe Bundesversammlung‹
mit Forderung nach Rück-
nahme des gegen ihn ver-
hängten Veröffentlichungs-
verbots. Die Führung der
katholischen Kirche setzt
Heines Werke ›De la Fran-
ce‹, ›De l'Allemagne‹ und

›Reisebilder. Tableaux de
Voyage‹ auf den Index der
verbotenen Bücher.

1837 ›Der Salon‹, Band 3.

1840 Beginn einer erneuten Serie von Korrespondenzbe-
richten für die ›Allgemeine Zeitung‹ (bis 1848). Beginn der Jahrespension
durch die französische Regierung (aus einem Ge-
heimfonds des Außenmi-
nisteriums) in Höhe von
4800 Francs (bis 1848).
›Ludwig Börne. Eine
Denkschrift‹ (Hamburg,
Hoffmann & Campe).
›Der Salon‹, Band 4 (Ham-
burg, Hoffmann &
Campe).

1841 Kirchliche Trauung mit
Mathilde in St. Sulpice,
anschließend Ziviltrau-
ung. Pistolenduell mit
Salomon Strauß.

1843 Deutschlandreise über
Lille und Brüssel, u. a.
mit den Stationen Aachen,
Köln, Hagen, Münster,
Bremen. Aufenthalt in
Hamburg. Über Celle,
Hannover, Bückeburg,
Minden, Münster, Hagen,
Köln und Brüssel Rück-
kehr nach Paris.

1844 Eintritt in die Pariser Frei-
maurerloge »Trinosophes«
(Mitglied bis 1847). Grenzhaftbefehl des preußischen
Innenministers gegen Hei-
ne und drei weitere Mitarbeiter der ›Deutsch-Fran-
zösischen Jahrbücher‹. Beginn der Mitarbeit am

Pariser ›Vorwärts‹. Erneuter Grenzhaftbefehl gegen Heine und andere Mitarbeiter des ›Vorwärts‹ (mehrfach wiederholt). Hamburgreise (per Dampfschiff von Le Havre), zunächst in Begleitung von Mathilde (die nach zwei Wochen nach Paris zurückkehrt). ›Neue Gedichte‹ mit ›Deutschland. Ein Wintermährchen‹, danach auch als Separatdruck (Hamburg, Hoffmann & Campe). Rückkehr nach Paris über Amsterdam und Den Haag. Tod Salomon Heines in Hamburg. Das Testament sieht für Heine die einmalige Zahlung von 8000 Bankomark, nicht aber die Fortzahlung der Jahresrente vor. Beginn des Erbschaftsstreits (bis 1847). Erhebliche Verschlechterung von Heines Gesundheitszustand.

1845 Aufenthalt in Montmorency.

1846 Aufenthalt in Bagnères-de-Bigorre, Barèges und Tarbes.

1847 ›Atta Troll. Ein Sommernachtstraum‹ (Hamburg, Hoffmann & Campe). Übersiedlung nach Montmorency (bis September).

1848 Zusammen mit Mathilde und der Gesellschafterin Pauline Rogue Aufenthalt in der Klinik seines Freundes Faultrier. Rapide Verschlechterung des Gesundheitszustandes (fortschreitende Lähmung; Krämpfe). Beginn der Bettlägerigkeit (»Matratzengruft«). Vorübergehende Übersiedlung nach Passy.

1851 ›Romanzero‹ und ›Der Doktor Faust. Ein Tanzpoem‹ (Hamburg, Hoffmann & Campe). Heine errichtet sein rechtsgültiges Testament und beginnt mit Börsenspekulationen.

1854 ›Vermischte Schriften‹ I–III (Hamburg, Hoffmann & Campe).

1855 ›De l'Allemagne. Nouvelle édition‹, I–II (Paris, Lévy). ›Lutèce. Lettres sur la Vie politique, artistique et sociale en France‹ (Paris, Lévy). Bekanntschaft mit Elise Krinitz (»Mouche«), die ihn fortan häufig besucht. Neuerlicher Testamentsentwurf. ›Poèmes et Légendes‹ (Paris, Lévy).

1856 Am 17. Februar stirbt Heinrich Heine in Paris. Drei Tage später wird er auf dem Montmartre-Friedhof beerdigt.

1856 ›Tableaux de voyage. Nouvelle édition‹ (Paris, Lévy).

1861–1866 Die von Adolf Strodtmann herausgegebene »rechtmäßige Originalausgabe« in 21 Bänden erscheint im Verlag von Hoffmann & Campe (Supplementbände 1869 und 1884).

1887 In Düsseldorf bildet sich
unter dem Vorsitz des
Oberbürgermeisters ein
Heine-Denkmal-Komitee,
das von Kaiserin Elisabeth
von Österreich mit 50 000
Reichsmark unterstützt
wird. Auf Druck nationa-
ler und konservativer
Kreise in Preußen kommt
der Denkmalsplan nicht
zur Ausführung.

1891 Elisabeth läßt auf Korfu
eine Heine-Statue von
Louis Hasselriis errichten.

1899 Einweihung des von
»The Germans in the
United States« gestifteten
Loreley-Brunnens von
Ernst Herter im Joyce Kil-
mer Park in New York,
South Bronx.

1905 Die für 12 500 R. M. aus
Mitteln des Denkmalfonds
erworbene Heine-Samm-
lung des Leipziger An-
tiquars Friedrich Meyer,
eine Bibliothek von 1267
Bänden Primär- und Se-
kundärliteratur, wird der
Landes- und Stadtbiblio-
thek Düsseldorf geschenkt.

1906 Eröffnung des im Bieder-
meierstil eingerichteten
Heine-Zimmers in der
Landes- und Stadtbiblio-
thek Düsseldorf. Zum
50. Todestag rufen Alfred
Kerr, Gerhart Hauptmann,
Hugo von Hofmannsthal,
Engelbert Humperdinck
und andere Kulturschaf-
fende zu Spenden für
»Heinrich Heines deut-

sches Denkmal« auf. In
Hamburg und Mannheim
bilden sich Denkmal-
Initiativen.

1911 Eine private Initiative er-
möglicht in Hamburg am
Barkhof die Aufstellung
des von Wilhelm II. aus
Korfu entfernten, von
Julius Campe jr. erworbe-
nen Heine-Denkmals von
Hasselriis. Der Londoner
Grafschaftsrat läßt am
Haus Craven Street 32 eine
Gedenktafel zur Erinne-
rung an Heines dortigen
Aufenthalt anbringen.

1913 Errichtung des Heine-
Denkmals »Frühlingslied«
von Georg Kolbe in Frank-
furt am Main.

1923 Für 2250 R. M. erwirbt die
Landes- und Stadtbiblio-
thek Düsseldorf aus Spen-
denmitteln Heines Nach-
laßbibliothek, bestehend
aus 323 Büchern und Zeit-
schriften, sowie einen Ab-
guß der Totenmaske.

1926 Einweihung von Hugo Le-
derers Heine-Skulptur im
Hamburger Stadtpark.

1930 Gründung der »Internationalen Heinrich-Heine-Ge-
sellschaft« in Hamburg
(1933 zwangsaufgelöst).

1931 Anläßlich des 75. Todesta-
ges Ausstellungen und
Gedenkfeiern in Düssel-
dorf und Paris.

1932 Im Düsseldorfer Heine-
Denkmal-Wettbewerb er-
hält Georg Kolbe den er-
sten Preis. Der Heimat-

verein Düsseldorfer Jonges will auf eigene Kosten zwei Räume im Geburtshaus Bolkerstraße 53 zur musealen Gedenkstätte umgestalten. In Görlitz wird eine Heinrich-Heine-Straße in Danziger Straße umbenannt.

1933 Deutscher »Volkszorn« stürzt in Frankfurt das Heine-Denkmal vom Sockel. Der Hamburger Senat läßt die Statue in Hamburg entfernen. In Paris wird vom Komitee zum Schutz verfolgter jüdischer Intellektueller auf den Champs-Elysées ein Heinrich-Heine-Foyer eröffnet.

1934 Auf Anordnung der Nationalsozialisten Schließung des Heine-Zimmers in Düsseldorf. Die Aufforderung, »jüdisches Schrifttum« einzuziehen und einer »Sammelstelle« in Frankfurt zu übergeben, wird vom Direktor der Landes- und Stadtbibliothek, Hermann Reuter, ignoriert.

1936 Der antifaschistische Schutzverband Deutscher Schriftsteller, Sektion Paris, schreibt einen mit 1000 Francs dotierten Heinrich-Heine-Preis »für das beste unveröffentlichte Werk der deutschen Literatur« aus.

1940 Im Rahmen einer Metallspendenaktion zum Geburtstag des »Führers«

wird die Heine-Plakette vom Geburtshaus in Düsseldorf entfernt und eingeschmolzen.

1943 Die Düsseldorfer Heine-Sammlung wird wegen der alliierten Fliegerangriffe ausgelagert.

1947 150. Geburtstag. Heine-Ausstellung in Düsseldorf.

1949 Deutsche Verleger aus Ost und West stiften einen Berliner Heinrich-Heine-Preis. Der Kulturausschuß der Landeshauptstadt Düsseldorf beschließt die Errichtung eines Heine-Denkmals. Ohne sichtbaren Heine-Bezug wird daraufhin Georg Kolbes 1932 prämierte Plastik eines knienden Jünglings im Hofgarten aufgestellt.

1953 Errichtung einer Heine-Denkmalsanlage im Düsseldorfer Hofgarten mit Aristide Maillols Mädchentorso »Harmonie« im Zentrum.

1955 Beginn der Verhandlungen des Düsseldorfer Heine-Archivs mit den Nationalen Forschungs- und Gedenkstätten der klassischen deutschen Literatur in Weimar über die gemeinsame Herausgabe einer Heine-Ausgabe (1958 abgebrochen).

1956 100. Todestag. Heine-Feiern in der ganzen Welt. Gründung der Heinrich-Heine-Gesellschaft in Düsseldorf. Internationaler

Heine-Kongreß in Weimar.
Die Stadt Düsseldorf er-
wirbt mit Unterstützung
von Bund und Land für
250 000 $ die Heine-Samm-
lung der Brüder Strauß,
bestehend aus 3177 Seiten
Handschriften, 14 Briefen
von und 773 Briefen an
Heine. Sonderbriefmarken
der Deutschen Bundespost
und der Deutschen Post.

1959 An Heines Sterbehaus in
Paris wird eine Gedenkta-
fel angebracht.

1962 Der erste Band des Heine-
Jahrbuchs erscheint.

1966 Erwerb der Heine-Sammlung der Familie Schocken
durch die Bibliothèque
Nationale, Paris.

1970 Der erste Band der Weimarer Heine-»Säkularausga-
be« erscheint. Gründung
des Heinrich-Heine-
Instituts der Landeshauptstadt Düsseldorf.

1971 Stiftung des Heine-Preises
der Landeshauptstadt
Düsseldorf.

1972 175. Geburtstag. Internationaler Heine-Kongreß in
Düsseldorf. Internationale
Heine-Konferenz in Wei-
mar. Festakt des Minister-
rats in Berlin / Hauptstadt
der DDR. Sonderbriefmar-
ken der Deutschen Post
und der Deutschen Bun-
despost.

1973 Der erste Band der ›Düsseldorfer Heine-Ausgabe‹
(Historisch-kritische Ge-
samtausgabe der Werke in

16 Bänden) erscheint (ab-
geschlossen 1997). Der Sat-
zungskonvent der Uni-
versität Düsseldorf lehnt
die seit 1965 diskutierte
Benennung der Hoch-
schule nach Heinrich Hei-
ne mit 51 gegen 26 Stim-
men ab.

1974 Eröffnung des Heinrich-
Heine-Instituts mit Archiv,
Bibliothek und Museum
in den Räumen Bilker
Straße 14 (später erweitert).

1979 Gründung der Association
des Amis de Heinrich
Heine in Paris. Private
Initiative ermöglicht die
Einrichtung eines »Hein-
rich-Heine-Fonds« zur
Unterstützung der vom
Radikalenerlaß Betroffe-
nen.

1981 125. Todestag. Heine-Kol-
loquium in Düsseldorf.
Die Stadt Düsseldorf er-
hält von einem Mäzen das
Heine-»Vexiermonument«
von Bert Gerresheim zum
Geschenk. Gründung der
North American Heine-
Society in den USA und
Kanada.

1982 Der Konvent der Universität Düsseldorf lehnt mit
44 : 41 Stimmen erneut die
Benennung der Hochschu-
le nach Heinrich Heine ab.

1988 Der Senat der Universität
Düsseldorf stimmt mit
Zweidrittelmehrheit der
Umbenennung der Hoch-
schule in Heinrich-Heine-
Universität zu.

1990 Für 4,4 Millionen DM er-
     werben die Stadt Düssel-
     dorf und die NRW-Stiftung
     Naturschutz, Heimat-und
     Kulturpflege gemeinsam
     das Heine-Haus in der
     Bolkerstraße 53.

1991 Erwerb der Heine-Samm-
     lung Gottschalk durch das
     Heinrich-Heine-Institut.

1997 200. Geburtstag. Sonder-
     briefmarke der Deutschen
     Bundespost. Heine-Feiern,
     Ausstellungen und Kon-
     gresse in aller Welt. Für
     die 1,4 Millionen DM teure
     Düsseldorfer Ausstellung
     »Ich Narr des Glücks«, die
     in reduzierter Form auch
     in Paris gezeigt wird, über-
     nehmen der französische
     Staatspräsident und der
     deutsche Bundespräsident
     die Schirmherrschaft.

Bibliographie

Werkausgaben

Zu Heines Lebzeiten erschien keine von ihm autorisierte deutsche Gesamtausgabe.

Werke und Briefe, hg. v. Hans Kaufmann, Berlin 1961–1964

Sämtliche Schriften, hg. v. Klaus Briegleb, 6 Bde., München 1968–1976

Säkularausgabe. Werke – Briefwechsel – Lebenszeugnisse, hg. von der Nationalen Forschungs- und Gedenkstätten der klassischen deutschen Literatur in Weimar [dann: Stiftung Weimarer Klassik] und dem Centre National de la Recherche Scientifique, Berlin und Paris 1970ff.

Historisch-kritische Gesamtausgabe der Werke, hg. v. Manfred Windfuhr, 16 Bde., Hamburg 1973–1997

Weiterführende Literatur

Aufklärung und Skepsis. Internationaler Heine-Kongreß 1997 zum 200. Geburtstag, hg. von Joseph A. Kruse, Bernd Witte und Karin Füllner, Stuttgart und Weimar 1999

Begegnungen mit Heine. Berichte der Zeitgenossen, hg. v. Michael Werner (in Fortführung von H. H. Houbens »Gespräche mit Heine«), 2 Bde., Hamburg 1973

Berendson, Walter A.: Der lebendige Heine im germanischen Norden, Kopenhagen 1935

Briegleb, Klaus: Bei den Wassern Babels, Heinrich Heine, Jüdischer Schriftsteller in der Moderne, München 1997

Espagne, Michel: Federstriche. Die Konstruktion des Pantheismus in Heines Arbeitshandschriften, Hamburg 1991

Futterknecht, Franz: Heinrich Heine. Ein Versuch, Tübingen 1985

Gössmann, Wilhelm / Joseph A. Kruse (Hg.): Der späte Heine 1848–1856, Hamburg 1982

Grab, Walter: Heinrich Heine als politischer Dichter, Heidelberg 1982

Guy, Irene: Sexualität im Gedicht. Heinrich Heines Spätlyrik, Bonn 1984

Hädecke, Wolfgang: Heinrich Heine. Eine Biographie, München 1985

Hauschild, Jan-Christoph / Michael Werner: Der Zweck des Lebens ist das Leben selbst. Heinrich Heine. Biographie, Köln ²1997

Heine Bibliographie, hg. v. Gottfried Wilhelm und Eberhard Galley, 2 Bde., Weimar 1960 [Bd. 1: Primärliteratur 1817–1953; Bd. 2: Sekundärliteratur 1822–1953]

Heine-Bibliographie 1954–1964, hg. v. Siegfried Seifert, Berlin und Weimar 1968

Heine-Bibliographie 1965–1982, hg. v. Siegfried Seifert und Albina A. Volgina, Berlin und Weimar 1986

Heine-Bibliographie 1983–1995, hg. v. Erdmann von Wilamowitz-Moellendorff und Günther Mühlpfordt, Stuttgart und Weimar 1998

Heine-Jahrbuch 1962 ff. [mit fortlaufender Bibliographie]

Heine in Deutschland, Dokumente seiner Rezeption 1834–1956, hg. v. Karl Theodor Kleinknecht, Tübingen 1976

Heinrich Heine im Spannungsfeld von Literatur und Wissenschaft. Symposium anläßlich der Benennung der Universität Düsseldorf nach Heine, hg. v. Wilhelm Gössmann und Manfred Windfuhr, Hagen 1990

Heinrich Heine und die Zeitgenossen, hg. v. der Akademie der Wissenschaften der DDR, Berlin und Weimar 1979

Heinrich Heines Werk im Urteil seiner Zeitgenossen, hg. v. Eberhard Galley und Alfred Estermann, Hamburg 1981ff. [bisher erschienen 6 Bde. zum Zeitraum 1821–1841]

Hinck, Walter: Die Wunde Deutschland. Heinrich Heines Dichtung im Widerstreit von Nationalidee, Judentum und Antisemitismus, Frankfurt / Main 1990

Höhn, Gerhard: Heine-Handbuch. Zeit, Person, Werk, 2., veränd. u. erg. Aufl. Stuttgart 1997

Hosfeld, Rolf: Die Welt als Füllhorn: Heine. Das neunzehnte Jahrhundert zwischen Romantik und Moderne, Berlin 1984

»Ich Narr des Glücks«. Heinrich Heine 1797–1856. Bilder einer Ausstellung, hg. von Joseph A. Kruse unter Mitwirkung von Ulrike Reuter und Martin Hollender, Stuttgart und Weimar 1997

Interpretationen. Gedichte von Heinrich Heine, hg. v. Bernd Kortländer, Stuttgart 1995

Kaufmann, Hans: Heinrich Heine. Geistige Entwicklung und künstlerisches Werk, Berlin und Weimar 1967, 3. überarb. Aufl. 1976

Kircher, Hartmut: Heinrich Heine und das Judentum, Bonn 1973

Kruse, Joseph A.: Heine-Zeit. Stuttgart und Weimar 1997

Kurz, Paul Konrad: Künstler Tribun Apostel. Heinrich Heines Auffassung vom Beruf des Dichters, München 1967

Kuttenkeuler, Wolfgang: Heinrich Heine. Theorie und Kritik der Literatur, Stuttgart 1972

Lefebvre, Jean Pierre: Der gute Trommler. Heines Beziehungen zu Hegel, Hamburg 1986

Liedke, Christian: Heinrich Heine, Reinbek 1997 (rowohlts monographien 50535)

Mende, Fritz: Heinrich Heine. Studien zu seinem Leben und Werk, Berlin 1983

Mende, Fritz: Heinrich Heine. Chronik seines Lebens und Werkes, 2., bearb. u. erw. Aufl. Berlin 1981

Metzner, Günter: Heine in der Musik. Bibliographie der Heine-Vertonungen. Bd. 1–12, Tutzing 1989–1994

Möller, Dierk: Heinrich Heine: Episodik und Werkeinheit, Wiesbaden und Frankfurt / Main 1973

Montanus, Henner: Der kranke Heine, Stuttgart u. Weimar 1995

Perraudin, Michael: Heinrich Heine. Poetry in Context. A Study of ›Buch der Lieder‹, Oxford, New York, München 1989

Prawer, Siegbert Salomon: Heine, The Tragic Satirist. A Study of the later Poetry 1827–1856, Cambridge 1961

Prawer, Siegbert Salomon: Heine's Jewish Comedy. A Study of his Portraits of Jews and Judaism, Oxford 1983

Preisendanz, Wolfgang: Heinrich Heine. Werkstrukturen und Epochenbezüge, München 1973

Robertson, Ritchie: Heine, London 1988

Rose, Margaret A.: Die Parodie: Eine Funktion der biblischen Sprache in Heines Lyrik, Meisenheim / Glan 1976

Rosenthal, Ludwig: Heinrich Heine als Jude, Frankfurt / Main und Berlin 1973

Sammons, Jeffrey L.: Heinrich Heine. The Elusive Poet, New Haven / London 1969

Sammons, Jeffrey L.: Heinrich Heine. A Modern Biography, Princeton 1979

Schlingensiepen, Ferdinand / Manfred Windfuhr (Hrsg.): Heinrich Heine und die Religion, ein kritischer Rückblick. Ein Symposium der Evangelischen Kirche im Rheinland vom 27.–30. Oktober 1997, Düsseldorf 1997

Schubert, Dietrich: »Jetzt wohin?« Heinrich Heine in seinen verhinderten und errichteten Denkmälern, Köln u. a. 1999

Spencer, Hanna: Heinrich Heine, Boston 1982

Sternberger, Dolf: Heinrich Heine und die Abschaffung der Sünde, Hamburg und Düsseldorf 1972

Strodtmann, Adolf: Heinrich Heines Leben und Werke, 2 Bde., Berlin 1867–69, 2. verb. Aufl. 1873

Tabak, Israel: Iudaic Lore in Heine. The Heritage of a Poet, Baltimore 1948

Tonelli, Giorgio: Heinrich Heines politische Philosophie (1830–1845), Hildesheim und New York 1975

Weidl, Erhard: Heinrich Heines Arbeitsweise. Kreativität der Veränderung, Hamburg 1974

Werner, Michael: Genius und Geldsack. Zum Problem des Schriftstellerberufs bei Heinrich Heine, 1978

Windfuhr, Manfred: Heinrich Heine, Revolution und Reflexion, Stuttgart 1969; 2. erg. Aufl. 1976

Ziegler, Edda: Heinrich Heine. Leben, Werk, Wirkung, Zürich 1993

Bildnachweis

Register

Arndt, Ernst Moritz   21
Arnim, Achim von   84
Ausländer, Rose   8
Balzac, Honoré de   67
Bartels, Adolf   140
Baudelaire, Charles   91
Beer, Amalie   73
Berlioz, Hector   67
Bonaparte, Louis-Napoléon
     113f.
Börne, Ludwig   78, 87, 92, 94ff.,
     100, 102
Brahms, Johannes   72
Brentano, Clemens   84
Bruckner, Anton   72
Bürger, Gottfried August   46
Burgmüller, August Friedrich
     14
Busoni, Ferruccio   72
Byron, George Gordon Noel, Lord
     44
Campe, Julius   45f., 68f., 89, 91, 107,
     116, 120, 123, 125, 132f.
Chopin, Frédéric   67
Christiani, Rudolf   8, 34f., 39
Cotta, Johann Georg   48f.
Delacroix, Eugène   67
Destro, Alberto   125
Dingelstedt, Franz   99, 105
Dumas, Alexandre   137
Elster, Ernst   124
Engels, Friedrich   100, 142
Fichte, Johann Gottlieb   86
Folkerts, Menso   135
Fontana, Joseph   137
Freiligrath, Ferdinand   100, 105

Friedrich Wilhelm IV., König von
     Preußen   108
Fröbel, Julius   101
Gans, Eduard   28
Gautier, Théophile   65, 67, 71f., 90,
     137
Georg IV., König von Großbritan-
     nien   24
Géricault, Théodore   67
Goethe, Johann Wolfgang   39, 44, 46
Goldschmidt, Benny   122
Görres, Joseph   50
Grillparzer, Franz   32
Gruby, Dr. David   118, 136f.
Guizot, François   58f., 61, 111
Gutzkow, Karl   87
Hardenberg, Karl August Frhr. von
     29
Hegel, Georg Wilhelm Friedrich
     27, 83, 86, 109
Heine, Amalie   16, 18
Heine, Betty, geb. van Geldern
     12f., 138
Heine, Carl   121
Heine, Charlotte (Sara)   14, 134
Heine, Fanny   16
Heine, Friederike   16
Heine, Gustav (Gottschalk)   14, 133f.
Heine, Henry   19
Heine, Mathilde (eigentl. Augusti-
     ne Crescence), geb. Mirat
     74ff., 115, 119f., 122, 132f., 138
Heine, Maximilian (Meyer)   14f., 120
Heine, Salomon   14ff., 18ff., 36, 54,
     121
Heine, Samson   12ff., 18f.

Heine, Therese   16
Herwegh, Georg   99ff., 105
Heß, Moses   101
Hoffmann von Fallersleben,
      Heinrich   99, 105
Homberg, Julius   126
Hugo, Victor   85
Immermann, Karl   44, 53
Jaubert, Caroline   73, 110, 119
Kaan d'Albest, Emilie   14
Kalisch, Ludwig   117
Kant, Immanuel   83, 86f.
Karl Theodor, Kurfürst   12
Karl X., König von Frankreich   53
Klingemann, August   22
Kossak, Ernst   130
Kotzebue, August von   41
Krinitz, Elise (die »Mouche«)
      135
Lagrange, Edouard de   116
Lamartine   116f.
Lasalle, Ferdinand   102ff., 115
Laube, Heinrich   87, 122
Lessing, Gotthold Ephraim   83f., 87
List, Friedrich   92
Liszt, Franz   67, 72
Louis-Philippe, Herzog von Or-
      léans   54, 57ff., 61, 111, 113
Lucáks, Georg   142
Ludwig I., König von Bayern   48ff.
Lumley, Benjamin   71
Luther, Martin   24, 87, 109
Marx, Karl   92, 100ff., 107, 110, 142
Maximilian Joseph, Kurfürst   12
Mehring, Franz   142
Meissner, Alfred   76
Mendelssohn Bartholdy, Felix   72
Metternich, Klemens Wenzel Fürst
      von   86, 95
Meyerbeer, Giacomo   70, 72f.
Moser, Moses   28
Müller, Wilhelm   34
Mundt, Theodor   87
Musset, Alfred de   67

Napoleon I., Kaiser   11ff., 44, 59,
      114
Napoleon III., Kaiser   114f.
Oken, Lorenz   50
Platen, Graf August von   44, 52
Prutz, Robert   99
Rachel, Elisa   73
Rachmaninow, Sergej   72
Rogue, Pauline   76, 115, 138
Rothschild, Betty   73
Rothschild, James   122
Royer, Alphonse   65
Ruge, Arnold   100ff.
Saint-Simon, Claude-Henri Comte
      de   63
Sand, George   67, 73
Schelling, Friedrich Wilhelm
      Joseph von   50, 86
Schenk, Eduard von   50
Schlegel, August Wilhelm   21
Schumann, Robert   72
Schwab, Gustav   51
Scott, Walter   32, 44
Sethe, Christian   16, 125
Shakespeare, William   32
Silcher, Friedrich   8, 72
Staël, Madame de   84, 85
Strauß, Salomon   77f.
Strodtmann, Adolf   124, 139
Thiers, Adolphe   58ff., 91
Uhland, Ludwig   46, 84
Untzer, Gustav Friedrich   30
Varnhagen von Ense, Karl August
      12, 29ff., 94
Varnhagen von Ense, Rahel   29f.
Wagner, Richard   72
Weerth, Georg   100, 144
Weill, Alexandre   65, 98, 105
Welcker, Karl Theodor   21
Werner, Julius   140
Wienbarg, Ludolf   87
Wittgenstein, Ludwig   86
Wohl, Jeanette   78
Wolf, Hugo   72

dtv portrait

Herausgegeben von Martin Sulzer-Reichel
Originalausgaben

Biographien bedeutender Frauen und Männer aus Geschichte, Literatur, Philosophie, Kunst und Musik

Hannah Arendt. Von Ingeborg Gleichauf. dtv 31029
Johann Sebastian Bach. Von Malte Korff. dtv 31030
Ingeborg Bachmann. Von Joachim Hoell. dtv 31051
Thomas Bernhard. Von Joachim Hoell. dtv 31041
Hildegard von Bingen. Von Michaela Diers. dtv 31008
Otto von Bismarck. Von Theo Schwarzmüller. dtv 31000
Die Geschwister Brontë. Von Sally Schreiber. dtv 31012
Giordano Bruno. Von Gerhard Wehr. dtv 31025
Georg Büchner. Von Jürgen Seidel. dtv 31001
Fidel Castro. Von Albrecht Hagemann. dtv 31057
Frédéric Chopin. Von Johannes Jansen. dtv 31022
Joseph Conrad. Von Renate Wiggershaus. dtv 31034
Hedwig Courths-Mahler. Von Andreas Graf. dtv 31035
Marlene Dietrich. Von Werner Sudendorf. dtv 31053
Annette von Droste-Hülshoff. Von Winfried Freund. dtv 31002
Marieluise Fleißer. Von Carl-Ludwig Reichert. dtv 31054
Theodor Fontane. Von Cord Beintmann. dtv 31003
Friedrich II. von Hohenstaufen. Von Ekkehart Rotter. dtv 31040
Max Frisch. Von Lioba Waleczek. dtv 31045
Alfred Hitchcock. Von Enno Patalas. dtv 31020
Victor Hugo. Von Jörg W. Rademacher. dtv 31055
Jesus von Nazaret. Von Dorothee Sölle und Luise Schottroff. dtv 31026
Novalis. Von Windfried Freund. dtv 31043
Franz Kafka. Von Detlev Arens. dtv 31047
Immanuel Kant. Von Wolfgang Schlüter. dtv 31014
Erich Kästner. Von Isa Schikorsky. dtv 31011
Heinrich von Kleist. Von Peter Staengle. dtv 31009
John Lennon. Von Corinne Ullrich. dtv 31036
Ludwig II. Von Martha Schad. dtv 31033
Stéphane Mallarmé. Von Hans Therre. dtv 31007
Klaus Mann. Von Armin Strohmeyr. dtv 31031
Maria Theresia. Von Edwin Dillmann. dtv 31028
Karl May. Von Klaus Walther. dtv 31056
Nostradamus. Von Frank Rainer Scheck. dtv 31024
Pablo Picasso. Von Hajo Düchting. dtv 31048
Edgar Allan Poe. Von Frank Zumbach. dtv 31017
Rainer Maria Rilke. Von Stefan Schank. dtv 31005
John Steinbeck. Von Annette Pehnt. dtv 31010
August Strindberg. Von Rüdiger Bernhardt. dtv 31013
Giuseppe Verdi. Von Johannes Jansen. dtv 31042
Oscar Wilde. Von Jörg W. Rademacher. dtv 31038
Frank Zappa. Von Carl-Ludwig Reichert. dtv 31039